MATTHIAS F. MANGOLD

DEUTSCHE KÜCHE

NEU ENTDECKT!

Fotos: Silvio Knezevic

INHALT

DEUTSCHE KÜCHE

»Wer des Öfteren fern von Deutschland ist, merkt sehr genau, was er vermisst: Brot, Wurst, Riesling. Und warum? Weil´s kaum einer besser kann als die Deutschen.«

MATTHIAS F. MANGOLD

MODERN, TRADITIONELL, DEUTSCH

RÜCKBESINNUNG NACH VORNE

Ich wage einmal die gar nicht so steile These, dass fast jeder von uns ein zumindest kleines Buch über deutsche Küche zusammenstellen könnte. Haben wir nicht alle unsere Lieblingsrezepte von der Mutter oder der Oma, die uns geprägt haben? Die besten Spätzle? Der beste Sonntagsbraten? Oder, ganz banal, die wunderbarste Salatsauce?

Genau das möchte dieses Buch hier aufnehmen. Deutsche Küche, verstanden als ein kulinarischer Grundstock, der unbedingt erhalten werden sollte und nicht zwangsläufig aufgehen muss in einem globalisierten »anything goes«. Der Schatz, den wir vor der Haustür haben und der leider nur allzu oft glattgebügelt wird, ist zu wertvoll, um ihn einfach in der Versenkung verschwinden zu lassen. Es gibt viel zu entdecken in den einzelnen Regionen, Bewahrenswertes, dessen Geschmack die Jungen gar nicht mehr kennen.

MIT DEN JAHRESZEITEN GEHEN

Ganz viele der Rezepte werden Ihnen sofort schon beim ersten Blick bekannt vorkommen. Näher hingeschaut, ist zu erkennen, dass sich über die Jahrzehnte manche Dinge dann eben doch geändert haben: leichtere Saucen, knackigeres Gemüse, geänderte Garzeiten bei eher niedrigeren Temperaturen beispielsweise. Modernisiert, variiert, zeitnah akzentuiert, manches Mal generalüberholt. Und dabei deutsch geblieben.

Traditionen, quer durch die Republik verteilt, waren uns bei der Auswahl der Rezepte sehr wichtig. Dennoch sollte man ehrlich genug sein festzuhalten, dass traditionelle deutsche Küche, die von manchen auch als Hausmannskost oder gutbürgerliche Küche bezeichnet wird, sehr lange auf einem erbärmlichen Niveau dahinsiechte. Erinnern Sie sich noch an die vor Gastwirtschaften aufgestellten Standtafeln – meist zeigten sie einen dickbauchigen, beschürzten Küchenchef – mit der Aufschrift »Hier kocht der Chef!«? In den meisten Fällen musste dies eher als Warnung denn als Verlockung verstanden werden. Totgegarte, blasse Gemüse lagen auf dem Teller neben zähem, trockenen Fleisch, die Jägersauce (und nicht nur die) aus dem Päckchen angerührt, das Saladressing ebenfalls. Der ganze Geschmack vereinheitlicht, glutamatisiert.

Seit einiger Zeit nun erfreut sich die klassische deutsche Küche aber wieder einer steigenden Beliebtheit. Zumindest unter den Menschen, denen ihre Ernährung am Herzen liegt. Wer sich noch selbst aktiv in die Küche stellt, hinterfragt heute mehr, wo die Zutaten herkommen. Ökologisch erzeugte Produkte, noch vor 20 Jahren mehrheitlich belächelt, verzeichnen deutliche Zuwachsraten. »Regional und saisonal« sind zu beliebten Schlagwörtern geworden, auch wenn sich dieses Prinzip vor allem in kargeren Gegenden gar nicht mehr konsequent durchsetzen lässt. Aber der Ansatz ist richtig.

Ich bin bei meinen Großeltern in einem unterfränkischen Dorf aufgewachsen. Meine Oma war Gemüsegärtnerin, was für mich bedeutete, schon als Steppke vor der Schule mit zum Spargelstechen zu gehen oder mittags Kartoffelkäfer einzusammeln. Oder im November in der windig-kalten Garage eisigen Rosenkohl von den Stangen abzuschneiden und in lange Säcke zu füllen. In unserem 2000-Seelen-Ort gab es einen Obst- und Gemüse-Großmarkt und ein angeschlossenes Trockenwerk für Suppengemüse. Der Duft, der durchs Dorf wehte, wenn die Anlage lief, hat sich auf ewig in meinem Geruchslexikon verankert.

Mittags wurde natürlich immer gekocht. Nicht aufwendig, aber sehr variantenreich mit dem, was gerade Saison hatte. Und selbstverständlich musste es vorneweg immer eine Suppe sein, da für meinen Großvater ein Essen ohne Suppe kein Essen war.

Ab und an wurde eins von unseren Hühnern geköpft, im Spätherbst eine Sau geschlachtet, im Winter gab es Hasenpfeffer. In Summe war es für mich als Kind etwas, worüber man sich überhaupt keinen Kopf machte – pflanzen oder füttern, ernten, essen. Der Bezug war da, ganz natürlich.

Man braucht nichts nostalgisch zu verklären, um zu sehen, dass dies in der Masse heute anders ist. Da jeder Trend freilich auch einen Gegentrend erzeugt, ist es begrüßenswert, welche Aufmerksamkeit heute Bewegungen zuteil wird, die sich auf ursprüngliche Ansätze beziehen. Biere, die meilenweit entfernt sind von Uniformität. Oder das Thema »Urban Gardening«: in der Stadt auf dem Balkon, auf dem Dachgarten oder auf einem gepachteten Stück Feld das eigene Gemüse ziehen. Bäcker, die auf Backmischungen verzichten. Winzer, die Individualität aus ihren Weinen herauskitzeln wollen. Ihnen geben wir in diesem Buch ebenfalls Raum in Gesprächen und Reportagen. Sie gehören zum Thema deutsche Küche, weil sie es sind, die aus der Masse ausscheren und der Zukunft eine neue Richtung geben können.

Wir zeigen Ihnen aber auch, wie leicht Sie Dinge wie Nudeln, Sauerkraut, Würste oder Marmeladen selbst herstellen können. Denn eines ist klar: Das schmeckt unvergleichlich viel besser als gekaufte Ware. Entdecken Sie Ihre Leidenschaft für deutsche Küche neu!

PS: Verstehen Sie die Mengenangaben bei den Rezepten als ungefähre Richtlinien. Sie sind natürlich auch abhängig von der »Konstitution« der Esser. Und »Pfeffer« meint immer frisch gemahlenen schwarzen Pfeffer.

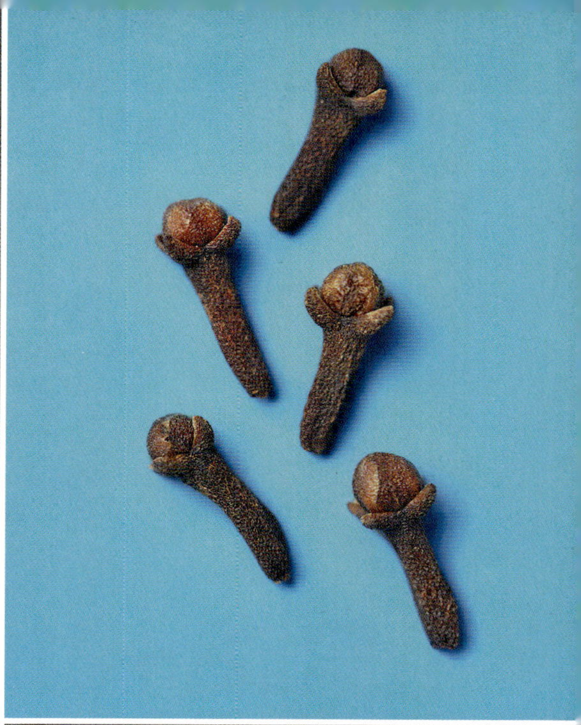

17 AROMEN

mit Charakter

PETERSILIE

Würzig-frisches Universaltalent, in vielen Weltküchen zu Hause. In unserer heimischen Küche lange Zeit nur als krauses Exemplar bekannt, inzwischen auch als glatte Version fast überall zu haben – und darum erst recht unser Lieblingskraut für Rustikales und Raffiniertes.

IDEEN: Immer schon Bestandteil des Suppengrüns und Grüne-Sauce-Bündels. Solo und frisch gehackt aber eine Wucht für fast alles – Kartoffelgerichte, Nudeln oder Eierspeisen, Saucen und Brotaufstriche, Ragouts, Salate, Pesto, Smoothies.

ROTE BETE

Im Frühjahr frisch geerntet als zarte kleine Bundware mit Blattwerk auf dem Markt, später im Jahr dann als lagerfähige größere Knollen, die auch im Winter für eine gute Portion Frische und Fitness sorgen. Heute eines der neu entdeckten Lieblingsgemüse – und farblich unschlagbar!

IDEEN: Einmalhandschuhe benutzen und auf weiße T-Shirts oder Kochschürzen verzichten – sehr zu empfehlen! Das erdige, leicht süßliche Aroma der Beten harmoniert perfekt mit scharf, säuerlich oder fruchtig. Und eine im Ofen gebackene Bete – eine Offenbarung!

WALNUSS

Früher wurden Walnussbäume gerne bei den Feldern gepflanzt – unter ihnen schwirren kaum Stechmücken. Grund genug, diesen Baum auch heute noch hochleben zu lassen. Was seine Früchte zu bieten haben, ist aber die größere Sensation: Superfood vom Feinsten!

IDEEN: Sie sind ein toller Snack – mit viel, aber gesundem Fett und reichlich Vitaminen und Mineralstoffen. Sie schmecken in Nudelfüllungen, Broten, Kräuterpasten, passen zu Süßem, Gebäck, Likör, Salaten, zu allem mit Käse.

MUSKATNUSS

»Der Küchenmeister gibt dem Lehrling am ersten Tag eine Muskatnuss mit der Bitte, den Rest am Ende der Lehrzeit zurückhaben zu wollen.« Will sagen: Sehr sparsam verwenden, eine Überwürzung ist rasch passiert. Bereits ein Hauch davon kann auch kräftige Aromen stärken.

IDEEN: Das feine Aroma gibt vor allem Kartoffelgerichten seit jeher das gewisse Etwas – aber auch Spinat, Blumenkohl, Eintöpfen, hellen Saucen. Muskat ist oft die entscheidende Prise beim Abschmecken von Gebäck, Süßspeisen, Eierlikör.

MEERRETTICH

Alle wirksamen Inhaltsstoffe sitzen bei dieser frostharten Pflanze in den Wurzeln, die bei uns ab Herbst bis ins Frühjahr hinein geerntet werden. Durchs Zerkleinern oder Reiben derselben kommen enthaltene Senföle & Co. voll zur Wirkung und lassen als Erstes kräftig die Tränen kullern.

IDEEN: Meerrettich gehört frisch gerieben zu gekochtem Rind, ist feste Tradition zu Tafelspitz, macht sich gut zu Räucherfisch. Roh gemischt mit Sahne oder Senf ist er beliebt als Würze zur Brotzeit, sorgt aber auch in warmen Speisen für eine markante Schärfe.

KÜMMEL

Kümmel ist eines der ältesten Gewürze der Menschheit. In den Samen findet sich eine hohe Konzentration an ätherischen Ölen, deren gesundheitliche Wirkungen als krampflösend und verdauungsfördernd gelten.

IDEEN: Kein Wunder, dass er für Kohl, Brot, Gulasch oder Käse verwendet wird. Nicht nur die deutsche, auch die skandinavische, jüdische und osteuropäische Küche steht darauf. Etwas völlig anderes ist übrigens Kreuzkümmel (cumin), der in Indien oder Mittelamerika beliebt ist.

HOLUNDER

Wohl dem, der Holunder (Holler, Holder, Fliederbeeren) im Garten hat. Der üppige Busch war schon immer Sitz der guten Hausgeister – und die Blüten und Beeren gibt es nicht so leicht zu kaufen, höchstens vereinzelt auf Bauernmärkten. Selberernten ist also angesagt!

IDEEN: Die Blüten lassen sich zu Küchlein backen, der Blütensirup in angesagte Drinks mixen. Die schwarzen Beeren sind äußerst vitaminreich und hocharomatisch. Ihr Saft wirkt Wunder bei Erkältungen, bringt aber auch Raffinesse ins Essen.

ESSIG

Alles, was gärfähig ist, kann zu Essig werden. Beim Kochen interessieren uns aber natürlich nur wohlschmeckende Sorten aus Wein, Traubensaft, Beeren oder anderen Früchten wie Apfel, Quitte, Pflaume oder Kirsche. Es lohnt sich, neugierig zu bleiben und immer mal Neues zu probieren!

IDEEN: Feiner Essig ist der beste Säurekick für Suppen, Saucen und Salate, kann aber in hochwertiger Form durchaus auch als Aperitif getrunken werden. Fürs Einlegen von Gurken und Pickles eignet sich allemal ein ordentlich gemachter schlichter Essig.

BLUMENKOHL

Das robuste Gemüse erfreut sich weltweit großer Beliebtheit. Vielleicht auch, weil es sowohl als Rohkost wie auch gekocht, paniert oder frittiert delikat ist. Sein Geschmack ist weniger aufdringlich als der anderer Kohlsorten, lässt sich auf reizvolle Würz-Kombis ein.

IDEEN: Gerne gegessen wird er mit anderen Gemüsen, Käse oder Schinken, oft in Begleitung einer Sahnesauce oder Bröselbutter. Aber der feine Geschmack passt auch zu pikanten, scharfen, säuerlichen oder kräuterfrischen Aromen.

17 AROMEN

mit Charakter

DÖRRPFLAUME

Wie alle Trockenfrüchte dürfen auch Dörrpflaumen nur etwa 20 Prozent Feuchtigkeit enthalten. Das Gute daran ist, dass sich dadurch der Geschmack konzentriert. Und nach kurzer Einweichzeit besonders kraftvoll entfaltet.

IDEEN: Eingewickelt in Speck und dann angebraten sind sie ein prima Häppchen vorneweg. Ihre fruchtige Süße bringt aber selbst in kleinen Mengen eine besonders raffinierte Note in herzhafte Fleischgerichte und Schmortöpfe, in Saucen, Salate und in Gebackenes.

RÄUCHERSPECK

Speck aus der Decke des Schweinebauchs gibt es auf verschiedenste Arten: frisch, grün, luftgetrocknet, gepökelt. Räucherspeck wird erst gepökelt und dann, der Name sagt es bereits, geräuchert. Durch dieses Dörren intensiviert sich der Geschmack.

IDEEN: Der Klassiker, wenn es darum geht, richtig schön herzhaft zu würzen. Und auch ein echter Joker in der Küche, um den Geschmack abzurunden – egal ob bei Suppen oder Salaten, bei Gemüse, Eintöpfen und Schmortöpfen, bei Rouladen oder auch bei pikanten Kuchen.

NELKE

Gewürznelken sind die getrockneten Blütenknospen eines auf den Gewürzinseln beheimateten Baumes. Sie geben ein unglaublich intensives Aroma ab, weswegen Nelken in der Küche nur äußerst sparsam einzusetzen sind.

IDEEN: Suppen, deftige Krautgerichte, gehaltvolle Fleischeintöpfe, ja auch Lebkuchen, Glühwein oder Saucen – klug verwendet sorgen Nelken für das gewisse Extra an Geschmack. Kleiner Nebeneffekt: Wenn man Nelken kaut, wirkt das kurzzeitig gegen Zahnschmerzen!

QUITTE

Bei kaum einem Obst können wir die Geschichte derart weit zurückverfolgen: Kaukasus vor mehr als 4.000 Jahren. Die Griechen kochten die Früchte bereits ein, später wurde daraus die Urform der Marmelade, benannt nach portugiesisch »marmelo« für Quitte.

IDEEN: Die bei uns heimischen Quitten sind roh nicht verzehrbar. Man macht daraus Mus, Saft, Kompott, Gelee oder Schnaps. Oder man kombiniert sie mit anderen Zutaten in einem Gratin, etwa mit Kartoffeln oder Kürbis.

PFIFFERLING

Pfifferling, Reherl, Eierschwamm – dieser beliebte Speisepilz hat viele Namen. Von Juni bis November ist er in unseren Wäldern verbreitet anzutreffen und aufgrund seines markanten Aussehens besteht wenig Verwechslungsgefahr mit anderen oder giftigen Pilzen.

IDEEN: In der Küche ist er variabel einsetzbar, sei es als Partner zum Feldsalat oder in einer sahnigen Sauce etwa zu Kalb oder zartem Reh mit Semmelknödeln. Übrigens: Früher war im Schwäbischen ein »Pfifferle« ein 5-Pfennig-Stück.

RHABARBER

Aus dem Lateinischen übersetzt lautet sein Name »fremde Wurzel«, in Europa ist er erst seit dem 18. Jahrhundert bekannt. Die Rhabarbersaison verläuft in etwa parallel zu der der Erdbeeren, was die beiden zu einem guten Paar macht.

IDEEN: Ein wesentlicher Aspekt beim Rhabarber ist seine fruchtige Säure, die ihn geradezu prädestiniert für ein Mus oder Kompott. Sehr lecker ist er aber auch als Belag von Kuchen oder als Saft. Rhabarbersaftschorle fehlt heute auf keiner guten Getränkekarte.

SENF

In der Basis ist Senf zunächst nichts anderes als eine Paste aus fermentierten und gemahlenen Senfkörnern, Wasser, Salz und Essig. Interessant wird es dann, wenn die Liste der Zutaten erweitert wird, etwa um Feinheiten wie Gewürze, Honig, Meerrettich oder Kräuter. In diesem Fall kann man mit Senf wirkliche Akzente setzen, die einem Gericht einen neuen Dreh verleihen.

IDEEN: Braucht man definitiv zu Grillwürstchen, zur Leberwurst und für Vinaigrettes. Verfeinert aber auch Sahnesaucen, würzt Fleisch und Fisch.

SELLERIE

Sellerie taucht in zwei Formen auf: als kräftige pfundschwere Wurzelknolle und als knackig-grüner Stangensellerie, die oberirdisch geernteten Blattstiele. Beide sind enorm vielseitig und obendrein gesund – feinaromatische Universaltalente.

IDEEN: Während Stangensellerie toll ist für Salate, als Rohkost oder gepaart mit anderem Gemüse als raffinierte Beilage, kann man die Knolle in dicken Scheiben braten oder grillen, Suppen und Saucenansätze damit kochen, Chips frittieren, als Partner im Kartoffelpüree servieren.

Imbiss, Brotzeit und andere kleine

SNACKS

GEBEN SIE IHREN GÄSTEN ORDENTLICH WAS AUF DIE FINGER: MIT KLEINEN HÄPPCHEN VORNEWEG SCHNABULIERT ES SICH BESONDERS GUT. VOM AUFWAND HER BLEIBT DER BALL ZIEMLICH FLACH, ABER DER GESCHMACK WILL HOCH HINAUS. UNKOMPLIZIERTE GENÜSSE FÜR LOCKERE ANLÄSSE EBEN.

SAUERTEIGBROT

Teig mit Zukunft

So wie früher fast jeder Haushalt seine eigene Essigmutter zog, so war immer auch eine Sauerteigmutter vorhanden. Sie war der Garant dafür, dass selbst gebackenes Brot gut gelang. Hier sehen Sie, wie Sie das auch heute gut hinkriegen.

1 Für einen Sauerteig zunächst 300 g Roggenmehl, 300 ml lauwarmes Wasser und die Sauerteigmutter per Hand oder in der Küchenmaschine so lange mischen, bis eine homogene Masse entstanden ist. Mit einem Küchentuch abdecken und über Nacht idealerweise bei 13 – 15° reifen lassen. Der Sauerteig ist jetzt gebrauchsfertig – behalten Sie aber ca. 50 g zurück (lässt sich auch einfrieren), es ist Ihr Ansatz für das nächste Mal.

FÜR 2 BROTE

700 g Roggenmehl (Type 1150)
50 g Sauerteigmutter (selbst gemacht, siehe Tipp, oder gerne auch fertig gekauft)
300 g Weizenmehl (Type 550) + etwas mehr zum Bestäuben
15 g Meersalz (wer keines zur Hand hat, nimmt einfach normales Salz)

2 Dann den vorbereiteten Sauerteig, alle übrigen Zutaten und 300 ml Wasser in der Küchenmaschine zunächst langsam kneten (ca. 10 Min.), dann für 2 – 3 Min. schneller kneten, damit mehr Luft in den Teig kommt. Auf einem Arbeitsbrett 45 Min. ruhen lassen, dann halbieren und jeweils zu glatten Kugeln formen.

Tipp – selbst angesetzte Sauerteigmutter: 50 g Roggenmehl (Type 1150), 50 ml Wasser und 7–8 g Hefe verrühren, gären lassen. An beiden Folgetagen erneut je 50 g Mehl und 50 ml Wasser einrühren.

3 Nach weiteren 30 Min. Ruhezeit die Kugeln in die gewünschte Brotlaibform bringen und auf ein mit Backpapier ausgelegtes Backblech setzen. Backofen auf 230° vorheizen. Auf den Boden des Backofens eine mit Wasser gefüllte Form stellen – das ergibt Wasserdampf und hält das Brot saftig.

Die Brotlaibe mit etwas Mehl bestäuben und in den Backofen (Mitte) schieben. Nach 10 Min. die Backofentür kurz öffnen, damit Dampf abziehen kann, die Temperatur auf 210° herunterfahren und die Brote in weiteren 45 – 50 Min. fertig backen.

4

PETER KAPP MEINT ES ERNST MIT DER QUALITÄT

3 FRAGEN AN PETER KAPP

Brot-Revoluzzer

WARUM NENNST DU DICH »ARTISAN BOULANGER?«
Die französische Lebensart fand ich schon immer super. Und mir wurde im Beruf rasch klar, dass es Bestand nur durch Spezialisierung geben würde. Die Bäckerei um die Ecke mit ihrem standardisierten Angebot wird sterben, da bin ich mir sicher. Also Rückbesinnung auf gutes, handwerkliches Backen.

WAS MACHT DEN UNTERSCHIED ZUM »NORMALEN« BÄCKER AUS?
Die Realität ist, dass der normale Bäcker immer weniger selber bäckt. Er hängt am Tropf der Backmittelindustrie, die ihn erst mit ein paar Teiglingen zum Fertigbacken gelockt hat und dann immer mehr ins Sortiment vordringt. Dabei geht die Ursprünglichkeit verloren. Dafür wurden die Stückzahlen beständig größer und günstiger.

WIE ARBEITEST DU IN DER BACKSTUBE?
Alle Zutaten werden mit der Hand abgewogen. Die Teige durchlaufen drei Ruhepausen, das zieht sich manchmal über Tage hinweg. Neue Brote ergeben sich durch Ausprobieren, etwa die Terra-Madre-Brote ohne Hefe, nur mit Sauerteig. Das ist mal klassisch, mal abgefahren. Ich bin ehrlich und offen, es gibt keine Geheimnisse. Viele meiner Rezepte veröffentliche ich im Internet oder in meinem Brotbackbuch. Für mich ist das eindeutig mehr Leidenschaft als Business.

VON WEGEN VERSEMMELT!

Der Deutschen Traum: gutes Brot

Wir haben einen Bäcker im Ort, den Franz Kopp, gerade mal zwei Häuser von unserem entfernt. Das ist nichts Besonderes, mögen Sie sagen, ein Bäcker halt. Stimmt – nur hat unser Dorf keine 1.000 Einwohner, und wer die ländliche Realität kennt, weiß, dass in solch einer Situation viele Bäcker ihren Job bereits hingeworfen haben. Dem Franz sein Bauernbrot, mit Kümmel und ohne, Laibe zu ein, zwei, drei und sechs Pfund, ist eine Wucht und sehr beliebt. Vieles bäckt er noch selbst, aber anderes kommt auch schon von Zulieferern. Ein paar Jahre wird er noch machen (hoffentlich!), doch auf lange Sicht verlieren wir unseren Bäcker.

BROTHEIMAT DEUTSCHLAND

Fast namensgleich und zugemehlt von oben bis unten begrüßt mich Peter Kapp in seinem Betrieb in Edingen-Neckarhausen bei Heidelberg. Es gibt nicht wenige, die seine Brote für mit das Beste halten, was Deutschland heute in dieser Hinsicht zu bieten hat. Das ist zunächst mal ein großes Wort. Deutschland ist doch DAS Land für Brot schlechthin! Wer kennt das nicht: drei Wochen Urlaub im Ausland – und worauf freut man sich beim Heimkommen am meisten? Auf gutes deutsches Brot.

BÄCKER MIT HARLEY

Was Peter Kapp grundsätzlich anders macht, ist der Umstand, dass er wirklich noch alles selber bäckt. Keine Pülverchen, keine Zusatzstoffe, keine fertigen Backmischungen, keine Teiglinge zum Aufbacken. Kapps erklärtes Ziel ist es, eine Wertigkeit zu schaffen, die aus der Alltagsware »Brot« einen Genuss macht. Dass er »Keine Kompromisse!« zu seinem Slogan machte, ist für den Harley-Fahrer nur konsequent. Hinzu kommt seine Begabung, sich und seine Backwaren durchaus medienwirksam inszenieren zu können. 2009 etwa rief er gemeinsam mit dem Slow-Food-Chef Carlo Petrini die »Rivoluzione del pane« aus. Hinter dem fetzigen Credo mit knalligem Logo steckt dennoch nichts anderes als Kapps Kampf für die Rückbesinnung auf Qualität. Für seine 40 Brotsorten bedient er sich bei deutschen, französischen oder italienischen Traditionen und macht etwas Eigenes daraus.

BROT AUF KNOPFDRUCK

Brot – das ist weit mehr als nur ein Lebensmittel. Es steckt voller Symbolik: Unser täglich Brot gib uns heute. Brot und Spiele. Miteinander Brot brechen als Zeichen der Zusammengehörigkeit und Gastfreundschaft. Und heute? Natürlich finden wir es toll, beim Bäcker eine immense Auswahl an Brot und Brötchen vorzufinden. Der Preis dafür ist freilich, immer mehr Industrieware in Kauf zu nehmen. Halb vorgefertigte TK-Backprodukte, die im Laden nur noch zu Ende gebacken werden, sind nicht mehr Ausnahme, sondern fast schon die Regel. Ob das noch etwas mit Handwerk zu tun hat?

1 FORELLENMOUSSE

MACHT SICH AUCH GUT ALS FESTLICHER APPETITHAPPEN ZUM SEKT

2 ANGEMACHTER KÄSE

DIE FRÄNKISCHE VARIANTE VOM OBATZDEN, HIER »GERUPFTER« GENANNT

3 ROTE-BETE-SCHMAND

DA LEGT MAN SICH GERNE GLEICH EINEN KLEINEN VORRAT AN, HALTBAR RUND 3 TAGE

4 KARTOFFELKÄS

HAT SEINEN URSPRUNG IN GANZ KARGEN ZEITEN, HIER ABER ÜPPIG VERFEINERT MIT BUTTER UND SAHNE

FÜR 4 PERSONEN

ZUTATEN: 250 g Sahne, 2 geräucherte Forellenfilets (ohne Haut), 1 EL gehacktes Koriandergrün, Salz, Pfeffer, Saft von ½ Limette, 4 Scheiben Toastbrot, 1 Glas Keta-Kaviar (Forellenkaviar, 100 g), Basilikum zum Garnieren

1 Die Hälfte der Sahne steif schlagen. Die Forellenfilets grob zerrupfen und mit der restlichen Sahne mit dem Stabmixer pürieren. Die geschlagene Sahne und das Koriandergrün unter das Püree heben und die Mousse mit Salz, Pfeffer und Limettensaft abschmecken. 2 Die Brotscheiben toasten oder im Backofen anbacken und nach Belieben schräg halbieren. 3 Forellenmousse auf die halbierten oder ganzen Scheiben streichen, mit Forellenkaviar und Basilikum garnieren.

Zeitbedarf: *10 Min.* | **Das schmeckt dazu:** *Sekt oder ein fruchtsüßer Riesling* | **Pro Portion:** *315 kcal*

FÜR 4 PERSONEN

ZUTATEN: 125 g Camembert, 60 g zimmerwarme Butter, ½ kleine Zwiebel, 1 Eigelb, ¼ TL edelsüßes Paprikapulver, 1 Schuss Weißwein, ½ TL mittelscharfer Senf, 2 Stängel Petersilie, ¼ Bund Schnittlauch, Salz, Pfeffer

1 Den Camembert und die Butter mit einer Gabel zerdrücken. Die Zwiebel schälen, fein würfeln und mit dazugeben. Als nächstes folgen Eigelb, Paprika, der Weißwein und der Senf. 2 Die Kräuter abbrausen und trocken schütteln, Petersilie fein hacken, Schnittlauch in kleine Röllchen schneiden. Auch dies zur Käsecreme geben. 3 Mit Salz und Pfeffer würzen und alles mit der Gabel gut vermengen. Entweder zu kräftigem Bauernbrot reichen oder zu Salzbrezelgebäck.

Zeitbedarf: *10 Min.* | **Das schmeckt dazu:** *Franken trinken dazu Müller-Thurgau oder Silvaner, Bayern Bier* | **Pro Portion:** *210 kcal*

FÜR 4 GLÄSCHEN (JE 200 ML)

ZUTATEN: 100 g Walnüsse, 400 g gegarte Rote Beten (vakuumverpackt), 2 säuerliche Äpfel, Saft von 1 Zitrone, 3 EL Walnussöl, 1 TL Wasabipaste, 2 EL Agavendicksaft, 200 g Schmand, Salz

1 Die Hälfte der Walnüsse fein hacken. Die Roten Beten grob würfeln, die Äpfel schälen, entkernen und ebenfalls würfeln. 2 Rote Beten und Äpfel im Mixer oder mit dem Stabmixer unter Zugabe des Zitronensaftes und der nicht gehackten Walnüsse pürieren. Nun langsam das Öl einfließen lassen, auch die Wasabipaste und den Agavendicksaft zugeben. 3 Zuletzt den Schmand und die gehackten Walnüsse unterrühren. Mit Salz abschmecken und in die sauberen Gläschen abfüllen. Zum Servieren auf Brotscheiben streichen.

Zeitbedarf: *20 Min.* | **Das schmeckt dazu:** *sehr fruchtiger, keinesfalls trockener Weißwein* | **Pro Gläschen:** *440 kcal*

FÜR 4 PERSONEN

ZUTATEN: 300 g vorwiegend festkochende Kartoffeln, 1 Zwiebel, 1 EL Butter, 1 Knoblauchzehe, 100 g Rettich, 150 g saure Sahne, 100 g Sahne, Salz, Pfeffer

1 Die Kartoffeln in Wasser oder Dampf 25 – 30 Min. garen, pellen und durch eine Presse drücken (oder alternativ mit einer Gabel fein zerdrücken). Die Zwiebel schälen, fein würfeln und in einer Pfanne in der geschmolzenen Butter glasig andünsten. Knoblauch schälen, fein hacken und kurz mitdünsten. Zu den Kartoffeln geben. 2 Rettich schälen, in kleine Stückchen schneiden oder raspeln und zusammen mit saurer und süßer Sahne unter die Masse mischen. Mit Salz und Pfeffer abschmecken und zu Brezen oder Bauernbrot reichen.

Zeitbedarf: *30 Min.* | **Das schmeckt dazu:** *Bier* | **Pro Portion:** *220 kcal*

SIEHT RUSTIKAL AUS,
IST ABER EDEL

TATAR GANZ KLASSISCH

das ultimative Hack

Dass die Tataren, Turkvölker aus Vorder- und Mittelasien, rohe Fleischstücke unter ihre Sättel gelegt haben, um sie mürbe zu reiten, ist natürlich eine Legende. Das Tatar wurde dennoch nach ihnen benannt – und richtig zartes Fleisch benötigt man ebenfalls.

Besser schneiden, nicht wolfen

FÜR 4 PERSONEN

600 g Rinderfilet (gut abgehangen)
1 kleine rote Zwiebel
4 Sardellenfilets
1 Gewürzgurke
4 ganz frische Eigelb
1 EL mittelscharfer Senf
1–2 Spritzer Tabasco
1–2 Spritzer Worcestersauce
1 TL Zitronensaft
¼ TL Cayennepfeffer
4 EL kleine Kapern
1 EL gehackter Kerbel
Salz, Pfeffer

❶ Das Fleisch für das Tatar muss unbedingt von höchster Güte sein und darf erst kurz vor der Zubereitung geschnitten werden, damit die Frische garantiert ist. Das Rinderfilet zunächst in feine Scheiben, diese dann längs in dünne Streifen und schließlich in kleine Würfel schneiden.

❷ Die Zwiebel schälen und fein hacken, die Sardellenfilets ebenfalls fein hacken. Die Gurke in kleine Würfel schneiden.

❸ Die Eigelbe in eine Schüssel aufschlagen und mit einer Gabel verquirlen. Senf, Tabasco, Worcestersauce, Zitronensaft und Cayennepfeffer dazugeben und alles gut durchmischen. Nun folgen Zwiebel, Sardellen und Gurke sowie die Kapern und der Kerbel. Alles erneut gut vermischen und mit Salz und Pfeffer abschmecken.

❹ Entweder nun das vorbereitete Tatar untermischen oder aber das Fleisch auf einzelne Teller portionieren, sodass jeder sich die Sauce selbst in gewünschter Menge zu seinem Tatar nehmen kann.

Tipp: Selbstverständlich können Sie auch vom Grundrezept abweichen und eigene Würzungen ausprobieren, etwa mit aromatisierten Ölen (Basilikum- oder Limonenöl) oder unterschiedlichen frischen Kräutern, pikant Eingelegtem oder feinen, roh geraspelten Gemüsesorten.

Zeitbedarf: *30 Min.*
Das schmeckt dazu: *Bauernbrot und ein fruchtiger Rosé*
Pro Portion: *220 kcal*

ORANGEN-MATJES

mit krossen Rösti serviert

FÜR 4 PERSONEN
1–2 Orangen
1 große rote Zwiebel, 4 EL Öl
1 EL gelbe Senfkörner
2 Lorbeerblätter
6–8 Wacholderbeeren
1 Prise Zucker
120 ml fruchtiger Weißwein
100 ml Fischfond
8 küchenfertige Matjesfilets (ca. 400 g)
400 g festkochende Kartoffeln
½ TL Currypulver
Salz, Pfeffer
4 EL Crème fraîche
etwas Gartenkresse zum Garnieren

1 Die Orangen sorgfältig schälen, auch die weiße Haut komplett entfernen. Die Filets sauber auslösen, halbieren und beiseitestellen.

2 Die Zwiebel schälen und in Ringe schneiden. In einer Pfanne 1 EL Öl erhitzen und die Zwiebel darin glasig andünsten. Senfkörner, Lorbeerblätter, Wacholderbeeren, Zucker, den Wein und Fond hinzufügen, kurz aufkochen und bei mittlerer Hitze 10 Min. kochen lassen. Marinade etwas abkühlen lassen.

3 Die Matjesfiles und Orangenfilets in eine flache Schale geben. Beides mit der Marinade übergießen, die ruhig noch lauwarm sein darf.

4 Kartoffeln schälen, waschen und auf ein Küchentuch raspeln. Das Tuch kräftig zusammendrehen und die Kartoffeln ausdrücken, dabei die abfließende Flüssigkeit auffangen. Die darin enthaltene Stärke (setzt sich weiß ab) mit den Kartoffelraspeln in eine Schüssel geben. Mit Curry, Salz und Pfeffer würzen.

5 Restliches Öl in der Pfanne erhitzen. Die Kartoffelraspel nach und nach in Häufchen hineinsetzen, flach drücken und als Rösti von beiden Seiten in je ca. 5 Min. knusprig braten. Auf Küchenpapier entfetten. Zusammen mit den marinierten Matjes und der Crème fraîche, garniert mit Gartenkresse, anrichten.

Matjes heißen die jungen Heringe, die vor dem Erreichen der Geschlechtsreife verarbeitet werden. So sind sie sehr mild im Geschmack. Beste Fangzeit ist Ende Mai / Anfang Juni, dann ist der Fettanteil besonders hoch und das Fleisch noch nicht durch Rogen oder Milch beeinträchtigt. Da das Gesetz in den Niederlanden, dem Hauptproduzenten von Matjes, eine Tiefkühlung der Heringe vorschreibt, sind sie inzwischen ganzjährig verfügbar.

Zeitbedarf: *40 Min.*
Das schmeckt dazu: *ein fruchtiger Weißwein, z. B. Muskateller*
Pro Portion: *500 kcal*

EINGELEGTE BRATHERINGE

die Essigsorte macht's

FÜR 8 PERSONEN
8 küchenfertige grüne Heringe (ca. 1,2 kg)
Salz, Saft von 3 Zitronen
Öl zum Braten
Mehl zum Wenden

FÜR DIE MARINADE
300 ml Weißweinessig + etwas mehr zum Abschmecken
2 Zwiebeln, 1 TL Salz
100 g Zucker + etwas mehr zum Abschmecken
2–3 Lorbeerblätter
2 EL gelbe Senfkörner
10 Wacholderbeeren
1 EL schwarze Pfefferkörner

1 Die Heringe unter fließendem Wasser waschen und mit Küchenpapier trocken tupfen. In eine flache Schale legen, von allen Seiten mit Salz und Zitronensaft einreiben und für 1–2 Std. an einem kühlen Ort durchziehen lassen. Danach erneut trocken tupfen.

2 In einer großen Pfanne großzügig Öl erhitzen. Mehl auf einen Teller geben und darin die Heringe sorgfältig wenden. Die bemehlten Heringe portionsweise im Öl bei mäßig starker Hitze von beiden Seiten knusprig braten, was jeweils 7–8 Min. dauert. Die fertig gebratenen Heringe in ein passendes hohes Glasgefäß schichten.

3 Das Fett aus der Pfanne in ein anderes Gefäß gießen und darin bis zur späteren Entsorgung nach dem vollständigen Abkühlen zwischenlagern.

4 Für die Marinade Essig und ¾ l Wasser in die Pfanne geben. Zwiebeln schälen, in Ringe schneiden und mit den übrigen Zutaten zum Essigwasser geben. Sud kurz aufkochen, für ca. 5 Min. bei geringer Hitze durchziehen lassen, vom Herd nehmen.

5 Marinade kurz stehen lassen, dann mit Essig und Zucker abschmecken und über die Heringe gießen. Im Kühlschrank abgedeckt 3 Tage marinieren lassen. Die fertigen Bratheringe halten sich gut gekühlt 10 Tage.

Tipp: Je besser die Grundzutaten, desto besser das Endergebnis – das gilt auch hier. Insbesondere die Qualität des Essigs ist von Bedeutung. Er sollte nicht nur sauer, sondern wirklich geschmackvoll sein. Es werden übrigens zwei Fliegen mit einer Klappe geschlagen: Die Essigsäure löst teilweise die dünnen Gräten des Herings auf oder lässt sie zumindest so porös werden, dass man sie getrost mitessen kann. Weinessig eignet sich in diesem Fall besser als Apfelessig, weil die Säurestruktur harmonischer rüberkommt. Geschmacklich richtig gut funktioniert das mit »Condimento«, also weißem Balsamessig, der nur 4,5 % Säure aufweist. Man könnte auch Zitronensaft zum Essig mischen, brächte damit jedoch einen deutlich fruchtigeren Charakter ins Gericht.

Zeitbedarf: *45 Min., Durchziehen: 1–2 Std., Marinieren: 3 Tage*
Das schmeckt dazu: *am besten mit Bratkartoffeln als deftige Vesper oder als »Nothilfe« an Neujahr oder Aschermittwoch*
Pro Portion: *340 kcal*

SELBST GEBEIZTER LACHS

MIT DILL UND GEWÜRZEN

gar nicht kompliziert

Fisch zu beizen, war früher eine Methode der Haltbarmachung. Heute geht es vor allem um den Geschmack. Sie dürfen sich also mit eigenen Ideen hemmungslos austoben.

FÜR 6 PERSONEN

1 kleine Lachsseite (ca. 1 kg)
150 g Salz
50 g Zucker
2 Bio-Zitronen
1 EL Wacholderbeeren
1 EL Koriandersamen
1 EL Pfefferkörner
gut 2 Handvoll Dill

1 Den Lachs unter fließendem Wasser waschen und mit einem Küchenpapier trocken tupfen. Dann auf eventuelle Gräten kontrollieren: mit dem Finger gegen den Strich an der Grätenlinie entlangfahren und gegebenenfalls mit einer Fischpinzette die Gräten entfernen.

2 Salz und Zucker in einer Schüssel mischen. Zitronen heiß waschen und trocken reiben. Mit einem Zestenreißer oder einer Reibe die Schale der Zitronen entfernen und zu der Zucker-Salz-Mischung geben.

3 In einem Mörser Wacholderbeeren, Koriandersamen und die Pfefferkörner anstoßen, sodass sich die Aromen entfalten können. Ebenfalls zur Mischung geben. Zuletzt den Dill abbrausen, trocken schütteln und fein hacken.

Mit einem selbst gebeizten Lachs punkten Sie garantiert bei jedem Gast

4 Den Boden einer großen flachen Schale mit der Hälfte der Gewürzmischung und des Dills bestreuen und darauf den Lachs mit der Hautseite nach unten platzieren. Auf den Fisch die übrige Gewürzmischung und den restlichen Dill streuen. Den Lachs nun mit einem Arbeitsbrett bedecken und dieses mit einem Gewicht beschweren (gut gehen z. B. große Konservendosen).

5 Die Schale für mindestens 24 Std. in den Kühlschrank stellen. Nach dieser Zeit den Lachs umdrehen, wieder mit dem Brett bedecken, beschweren und weitere 24 Std. beizen.

6 Zum Servieren und Verzehren die Kräuter-Gewürz-Mischung abschaben und den Lachs mit einem scharfen langen Messer in dünnen Scheiben aufschneiden.

Tipp: Lassen Sie Ihre Lieblingsaromen ran! Zucker und Salz sind die Grundzutaten, die dem Fisch Feuchtigkeit entziehen – also ein Muss. Der Rest besteht aus Lust und Laune. Ob Sie Gewürzmischungen wie Garam Masala oder Ras el Hanout verwenden, Basilikum, Chili und Orangenschale oder Zitronenmelisse mit Blüten ausprobieren, den Zucker durch Honig ersetzen oder Olivenöl mit einbringen, hängt völlig von Ihrer Experimentierfreude ab.

Zeitbedarf: *15 Min., Beizen: ca. 2 Tage*
Das schmeckt dazu: *Schmand, mit Zitronensaft und Dill gewürzt*
Pro Portion: *305 kcal*

RÄUCHERFISCH

vom Grill mit Deckel

Zwar gibt es die Möglichkeit, in der Küche mit speziellen Töpfen oder im Backofen zu räuchern, was aber in der Regel Geruch und Qualm im Haus hinterlässt. Also lieber raus in den Garten und den Grill angeworfen! Denn fürs Räuchern brauchen Sie nicht zwangsläufig einen echten Smoker

1

Zunächst eine Salzlake herstellen: Dafür gibt man das Salz (Menge nach Geschmack) in 1 l Wasser. Fischkoteletts hineinlegen und 5 – 8 Std. durchziehen lassen. Herausnehmen und sorgfältig unter fließendem Wasser waschen, um alle Salzreste zu entfernen. Dann mit Küchenpapier gut trocken tupfen.

FÜR 4 PERSONEN

50 – 80 g Salz
4 Heilbuttkoteletts (je 250 g)
3 – 4 EL BBQ-Räuchermischung für Fisch (lässt sich bequem übers Internet beziehen, entweder bei Gewürzspezialisten oder im Anglerbedarf)

2

Den Gasgrill auf niedrige Hitze (ca. 120°) einstellen oder den Holzkohlegrill entsprechend vorbereiten. Die BBQ-Räuchermischung – sie besteht z. B. aus Buchenholz, Zitronengras, Wacholderbeeren, Orangenschalen, Rosmarin und Senfkörnern – 10 Min. in einer Schüssel wässern, im Sieb abtropfen lassen und feucht in eine Räucherbox oder in eine Aluschale füllen.

3

Fisch auf den Rost legen, zuvor Räuchermischung auf Brenner oder Glut setzen. Deckel schließen. Nach einer Weile steigt Rauch auf – jetzt ist die Räuchermischung aktiv und räuchert. Bei der niedrigen Temperatur dauert es je nach Dicke der Koteletts 20 – 40 Min., bis sie gar sind.

4

Möchten Sie ganze Fische räuchern, empfehlen sich ein längerer Verbleib in der Salzlake (10 – 12 Std.) und auch eine längere Räucherzeit. Hierzu legt man beim Holzkohlegrill nach ca. 30 Min. noch ein paar Briketts nach. Zudem lässt sich die Räuchermischung erneuern.

5

Der Fisch ist genau dann richtig, wenn sich die Haut ein wenig wie Pergamentpapier anfühlt. Bei ganzen Fischen lässt sich die Rückenflosse leicht herausziehen. Natürlich kann der Fisch nun ein paar Tage im Kühlschrank aufbewahrt und kalt gegessen werden – doch warm schmeckt er viel besser …

WISSENSCHAFTLER GOES FISCHRÄUCHERBUDENBESITZER

3 FRAGEN ZU STREET FOOD

Fischmann Micha, Berlin

WAS UNTERSCHEIDET EUCH VON EINER »NORMALEN« IMBISSBUDE?
Wir sind sehr streng, wenn es um die Herkunft unseres angebotenen Fischs geht, so verkaufen wir z. B. keinen Rotbarsch oder Aal, da diese gefährdet und rot gelistet sind. Außerdem bieten wir nebst etlichen kleinen Gerichten zum sofortigen Bedarf auch ein Sortiment ausschließlich zum Mitnehmen an (Frisch- und Räucherfisch), wir sind also ein klassischer Marktstand mit »Verzehrmöglichkeit«.

WAS KÖNNEN EURE KUNDEN ERWARTEN?
Wir räuchern unsere Fische direkt am Stand – und diese sind nach den besten Methoden gefischt oder gezüchtet. Zudem kann ich so gut wie jede Frage zum Thema »Fisch« beantworten. Der Wissensdurst der Leute ist mittlerweile so groß geworden, dass ich wohl auch bald Fischkochkurse anbieten werde. Ich kenne ja Theorie wie Praxis gleichermaßen gut.

IMBISS WAR DOCH SONST IMMER FAST FOOD …
… und das ist es meist auch immer noch. Aus dem »Fast« ist aber ein »Slow« geworden: Wir machen unsere Saucen alle selbst, die Brötchen lassen wir vom Bio-Bäcker backen, unsere Sprossen stammen von einer Manufaktur. Kurzum – wir wissen wo unsere Zutaten herkommen. Das schafft Transparenz und schmeckt noch besser.

STREET FOOD

von der Hand in den Mund

Ein Trend zieht durch die Lande: Man geht wieder an den Imbiss. Oh, Pardon, natürlich muss es »Street Food« oder »Street Cuisine« heißen, das klingt großstädtischer, trendiger, hipper. Stundenlanges Sitzen beim Sternekoch war gestern, heute gibt's das Essen heiß und sofort direkt auf die Kralle.

Natürlich ist das alles keine Neuerfindung, sondern die Wiederentdeckung dessen, was lange Zeit als banal und unfein abgetan wurde. Gemeint sind Imbissstände, Currywurstbuden oder sonstige Verkaufshäuschen, wo sich Bauarbeiter, Schüler und vom Alltag gehetzte Mitmenschen zufällig zum Essen treffen, um bei Pommes, Döner, Heringsbrötchen oder Pizzaschnitte im Stehen eine kurze, aber nötige Mahlzeit einzuwerfen. Der kulinarische Anspruch war dabei auf beiden Seiten des Tresens traditionell eher nicht so ausgeprägt – Hauptsache man bekam etwas herzhaft Sättigendes.

MITTENDRIN STATT NEBENDRAN

Lange bevor die amerikanischen Burgerbratereien ab den 1970ern die Szene betraten, waren solche Imbisse aber auch Einrichtungen von sozialem Wert: hier galten keine Standesschranken. Feine Schlipsträger standen gleichberechtigt neben Helmträgern, Feinrippunterhemdenzurschaustellern, Punks und Normalos. Das Personal an den Frittierwannen genoss Psychologencharakter, genau so wie die TV-Figur Ingo bei »Dittsche« alias Olli Dittrich. Hier spielte sich das wahre Leben ab, hier liefen die Informationen zusammen und von hier aus wurden sie weitergetragen.

IMMER WIEDER NEUE IDEEN

Eine Besonderheit fand sich dabei schon immer: Das Essen wurde stets vor den Augen der Kundschaft zubereitet. Die aktuelle Street-Food-Bewegung nimmt dies auf – und führt das Konzept logisch weiter. Heute haben viele Betreiber von Ständen, aber auch von »Food Trucks« (mobile Imbissbuden) ein ganz anderes Selbstverständnis. Michael Wickert etwa, der »Fischmann Micha« der Fischräucherbude »Glut & Späne« in der Berliner Markthalle 9. Er ist studierter Fischereiwissenschaftler, hat in der Normandie eine Forellenzucht geleitet und kam 2012 auf die Idee, einen eigenen Stand zu eröffnen. Prinzip: alles frisch, alles gut, regional, saisonal. Derzeit sucht er im Berliner Umland nach Möglichkeiten, sogar eigene Fische ziehen zu können. Seine Kunden? Glücklich!

NUR BILLIG FUNKTIONIERT NICHT

Bei den Ständen sowie den Trucks hat sich in Windeseile eine Selbstkontrolle etabliert. Geduldet wird intern nur, wer Qualität und keinen Mainstream anbietet. Das hat sich beim Verbraucher längst herumgesprochen, im Internet kursieren entsprechende Geheimtipps für Städtetrips. Currywurst? Sehr gerne. Aber eben nicht nicht öde und schon gar nicht billig.

DA KANN DER
TAG KOMMEN

BAUERN-FRÜHSTÜCK

kraftvoller Tagesstart

FÜR 4 PERSONEN
4 gegarte Kartoffeln, 1 Zwiebel
100 g mageres Rauchfleisch
2 Knoblauchzehen
10 Kirschtomaten
1 Handvoll Kräuter (z. B. Bärlauch, Petersilie, Brennnesseln, Giersch)
2 EL Öl
Salz, Pfeffer, 8 Eier
frisch geriebene Muskatnuss

1. Die Kartoffeln pellen und in nicht zu dünne Scheiben schneiden. Zwiebel schälen und klein würfeln. Rauchfleisch ebenfalls klein würfeln. Den Knoblauch schälen und fein hacken. Die Tomaten waschen und vierteln. Die Kräuter abbrausen, trocken schütteln und hacken.

2. Öl in einer ausreichend großen Pfanne erhitzen und darin die Kartoffeln, leicht mit Salz und Pfeffer gewürzt, langsam anbraten. Die Zwiebel, das Rauchfleisch und etwas später den Knoblauch dazugeben und ebenfalls unter Rühren anbraten.

3. Parallel die Eier in einer Schüssel mit einer Gabel verquirlen und leicht salzen, pfeffern und mit Muskat würzen.

4. Kartoffeln nun in eine Hälfte der Pfanne schieben. In die andere Hälfte die Eiermasse einfließen lassen und darauf gleich die Kräuter und die Tomaten geben. Leicht anstocken lassen und die Eierhälfte dann über die Kartoffelhälfte flippen. Kurz gar ziehen lassen, fertig.

Tipp: Als Varianten bieten sich statt der Kräuter und des Rauchfleischs Paprikaschoten mit getrockneten Tomaten und Gewürzgurken an, aber auch Pfifferlinge oder sogar Früchte wie Kürbis und Mango.

Zeitbedarf: *20 Min.*
Das schmeckt dazu: *Ein starker Kaffee zu diesem kräftigen Morgenauftakt schadet nicht.*
Pro Portion: *300 kcal*

EIER IN SENF-RIESLING-SAUCE

mit Säurepfiff

FÜR 4 PERSONEN
8 Eier, 1 Zwiebel
1 EL Butter, 1 EL Mehl
200 ml Riesling, 200 g Sahne
2 EL Honigsenf, Salz, Pfeffer
8–10 Blättchen Zitronenmelisse

1. Die Eier in ausreichend Wasser in 6–7 Min. wachsweich kochen, dann abschrecken.

2. Zwiebel schälen und fein würfeln. In einem Topf Butter schmelzen und darin die Zwiebel andünsten, ohne sie bräunen zu lassen. Mehl darüberstäuben und leicht angehen lassen.

3. Nun unter ständigem Rühren den Riesling angießen und aufkochen. Die Hitze herunterfahren und die Sahne und den Senf dazugeben, heiß werden lassen. Mit Salz und Pfeffer abschmecken. Zuletzt Zitronenmelisse in feine Streifen schneiden und in die Sauce rühren.

4. Die Eier schälen, halbieren und mit der Sauce überziehen.

Zeitbedarf: *15 Min.*
Das schmeckt dazu: *Wildreis oder ganz dünne Bandnudeln – und natürlich der Riesling*
Pro Portion: *235 kcal*

CURRYWURST GRUNDREZEPT

und dazu drei leckere Saucen für die Königin der klassischen Imbissbude

TOMATIGE SAUCE

1 EINE WEIT VERBREITETE UND SEHR BELIEBTE VARIANTE, MILD ODER SCHARF

FRUCHTIGE SAUCE

2 EXOTISCH UND VERSPIELT, WAS GANZ GUT ZU DEN RÖSTAROMEN VON BRATWURST PASST

FEURIGE SAUCE

3 EINE SAUCE FÜR ALLE, DIE ES RICHTIG SCHARF MÖGEN

FÜR 4 PERSONEN

ZUTATEN: 4 – 8 Würste nach Wahl (Menge je nach Größe der Würste; z. B. Bockwurst, Rostbratwurst, Krakauer oder Kalbsbrühwurst), Currypulver zum Bestäuben

❶ Ob Bockwurst (Berlin), Rostbratwurst (Ruhrgebiet), Krakauer oder Kalbsbrühwurst, ob gebraten oder gekocht – Currywurst wird überall anders gegessen. Ein absolutes »Muss« bei der Zubereitungsweise gibt es daher nicht. Wählen Sie einfach die Wurst, die Ihnen am besten schmeckt. ❷ Sollten Sie die Würste braten, können Sie die Haut vorher mit einem Messer leicht anritzen – so dringt die Hitze besser ein, die Wurst gart gleichmäßiger. Beim Garen von Brühwürsten das gesalzene Wasser sprudelnd aufkochen, nach dem Einlegen der Würste nur noch sanft ziehen lassen. ❸ Fertige Würste in kleine Stücke schneiden, mit Currypulver bestäuben und mit der Lieblingssauce begießen.

Zeitbedarf: *10 Min.* | **Das schmeckt dazu:** *Pommes, am besten hausgemacht, oder knusprige Brötchen* | **Pro Portion:** *415 kcal*

FÜR 4 PERSONEN

ZUTATEN: 1 Zwiebel, 1 Knoblauchzehe, 1 EL Öl, 2 – 3 EL brauner Zucker, 1½–2 TL Currypulver, 400 ml Tomatensaft, Salz, Pfeffer, 1 TL frisch geriebener Ingwer, 2 – 3 EL Essig, Cayennepfeffer oder rosenscharfes Paprikapulver

❶ Zwiebel und Knoblauch schälen und jeweils klein würfeln. In einem Topf das Öl erhitzen, darin zunächst die Zwiebel, dann für 1 Min. den Knoblauch glasig andünsten. Zucker einstreuen und karamellisieren lassen, 1 ½ TL Currypulver gut unterrühren. ❷ Mit Tomatensaft ablöschen. Die Sauce bei mittlerer Hitze ca. 10 Min. offen einköcheln lassen, dann mit dem Stabmixer pürieren. ❸ Mit Salz, Pfeffer, Ingwer und Essig abschmecken. Nach Geschmack mit übrigem Currypulver, Cayennepfeffer oder Rosen-Paprika nachschärfen.

Zeitbedarf: *20 Min.* | **Pro Portion:** *70 kcal*

FÜR 4 PERSONEN

ZUTATEN: 1 rote Zwiebel, 1 EL Öl, 2 EL Tomatenmark, 1½–2 TL Currypulver, 200 ml Ananassaft, je 100 g Ananas- und Mangofruchtfleisch, Salz, 1 – 2 TL edelsüßes Paprikapulver

❶ Die Zwiebel schälen und klein würfeln. In einem Topf das Öl erhitzen und darin die Zwiebel glasig andünsten. Das Tomatenmark einrühren und 1 Min. anrösten. 1 ½ TL Currypulver unterrühren, mit dem Ananassaft ablöschen. ❷ Die Ananas und die Mango grob würfeln. Beides in den Topf geben, mit Salz und 1 TL Paprikapulver würzen. Die Sauce bei mittlerer Hitze ca. 20 Min. einköcheln lassen. ❸ Mit dem Stabmixer pürieren und mit den übrigen Gewürzen nach Belieben abschmecken.

Zeitbedarf: *30 Min.* | **Pro Portion:** *85 kcal*

FÜR 4 PERSONEN

ZUTATEN: je 1 TL Koriander- und Kreuzkümmelsamen, ½ TL gemahlene Kurkuma, 2 Schalotten, 2 Knoblauchzehen, 100 g Paprikaschote, 1 EL Öl, 3 EL Tomatenmark, 300 ml Orangensaft, 2 kleine Chilischoten, 1 TL Honig

❶ Gewürzsamen kurz anrösten, abkühlen lassen. Im Mörser fein zerstoßen, mit Kurkuma mischen. ❷ Schalotten und Knoblauch schälen, Paprika putzen und waschen, alles klein würfeln. ❸ In einem Topf das Öl erhitzen. Darin die Schalotten, dann für 1 Min. den Knoblauch glasig andünsten. Paprika 2 Min. mitdünsten, Tomatenmark unterrühren und anrösten. Gewürzmischung unterrühren, mit Saft ablöschen. ❹ Chilis entstielen, waschen, fein hacken und mit dem Honig in den Topf geben. Sauce 20 Min. bei geringer Hitze sanft köcheln lassen.

Zeitbedarf: *35 Min.* | **Pro Portion:** *85 kcal*

STRUDEL MIT BLUT- UND LEBERWURST

mit fruchtig-säuerlicher Note

Dieses deftige Essen ist wie viele andere Traditionsgerichte auch von bäuerlicher Herkunft, passt aber heutzutage wunderbar genauso auf die Speisekarte von gehobenen Restaurants.

FÜR 4 PERSONEN
2 Zwiebeln
2 Knoblauchzehen
½ EL Butterschmalz
100 g Sauerkraut
1 Lorbeerblatt
je 400 g rohe Leber- und Blutwürste (möglichst schlachtfrisch)
Salz, Pfeffer
½ TL Kümmelsamen
2 säuerliche Äpfel
1 kleines Bund Schnittlauch
einige Blätter Sauerampfer (nach Belieben)
1–2 TL Essig
1 Pck. Strudel- oder Filoteig (10 Blätter)
2 Eigelb

1 Die Zwiebeln und den Knoblauch schälen und in kleine Würfel schneiden, den Knoblauch in sehr kleine.

2 In einem Topf das Butterschmalz zerlassen und darin die Zwiebeln und den Knoblauch glasig andünsten. Das Sauerkraut und Lorbeerblatt dazugeben und alles bei mittlerer Hitze ca. 10 Min. dünsten.

3 Die Leber- und Blutwürste an jeweils einem Ende aufschneiden und die Wurstmasse mit den Fingern aus der Pelle direkt in den Topf zum Sauerkraut streifen. Mit Salz und Pfeffer würzen. Den Kümmel in einem Mörser kurz anstoßen und ebenfalls dazugeben. Alles gut miteinander vermischen.

4 Die Äpfel schälen, vierteln, entkernen und in kleine Stücke schneiden. Den Schnittlauch und, falls vorhanden, auch den Sauerampfer abbrausen, trocken schütteln, fein schneiden. Mit den Äpfeln ebenfalls in den Topf geben. Die Wurst-Kraut-Füllung abschmecken, eventuell mit etwas Essig abrunden. Sie soll frisch schmecken und von der Konsistenz her feucht glänzend, nicht nass sein. Das Lorbeerblatt entnehmen und entsorgen.

5 Den Backofen auf 220° vorheizen, ein Backblech mit Backpapier auslegen. Für 4 kleine Strudel auf der Arbeitsfläche je 2–3 Blätter Strudel- oder Filoteig aufeinanderlegen.

6 Nacheinander jeweils ein Viertel der Füllung auf jedem Teigblätterstapel länglich verteilen, dabei unten ein Drittel sowie rechts und links je einen kleinen Streifen Teig frei lassen. Teigblätter zu einem Strudel aufrollen, Enden rechts und links einschlagen. (Oder einfach aus allen Teigblättern und der gesamten Füllung einen großen Strudel füllen und formen.)

7 Die Strudel mit den Nähten nach unten nebeneinander auf das Backblech setzen. Die Eigelbe verquirlen und die Strudel dünn damit bestreichen. Im Ofen (Mitte) in ca. 20 Min. knusprig backen (beim großen Strudel die Backzeit um ca. 10 Min. verlängern).

Sauerkraut bringt das Saftige rein

Zeitbedarf: *35 Min.*
Backzeit: *20 Min.*
Das schmeckt dazu: *ganz traditionell Pellkartoffeln oder Kartoffelpüree und ein säurebetonter Weißwein als Kontrapunkt*
Pro Portion: *815 kcal*

FÜR 8 PERSONEN EIN SNACK, FÜR 4 PERSONEN EIN ECHTES ESSEN

SO WAS GEHT ECHT
AUCH MAL SPONTAN

VEGETARISCHER FLAMMKUCHEN

inspiriert von unseren französischen Nachbarn

Ob als Vorspeise oder als Snack zwischendurch, ob zu Hause oder auf öffentlichen Festen: Flammkuchen geht immer. Wer es sich einfach machen will, holt sich im Supermarkt den backfertigen Teig und belegt nur noch – doch aus eigener Hand schmeckt er besser und ist nicht schwer zu machen.

Fingerfood vom Feinsten

FÜR 4 PERSONEN

FÜR DEN TEIG

300 g Mehl + etwas mehr zum Arbeiten
120 – 170 ml Mineralwasser
1 EL Raps- oder Sonnenblumenöl
1 Prise Salz

FÜR DEN BELAG

100 – 150 g Schmand
50 – 80 g Sahne, Salz, Pfeffer
250 g Ziegenweichkäse (von der Rolle)
60 g Rucola
2 Prisen edelsüßes Paprikapulver
2 EL Olivenöl
1 EL Weißweinessig
½ TL Senf, 1 Prise Zucker

❶ Für den Teig aus Mehl, Mineralwasser, Öl und Salz einen glatten, geschmeidigen Teig herstellen. Am einfachsten geht das mit dem Knethaken des Handrührgeräts oder in der Küchenmaschine. Den Teig zur Kugel formen, in Klarsichtfolie einwickeln und 30 Min. ruhen lassen.

❷ Backofen auf 240° (Unterhitze!) vorheizen. Für den Belag Schmand und Sahne verrühren, salzen und pfeffern. Ziegenkäse in ½ cm dicke Scheiben schneiden. Rucola putzen, waschen und trocken schleudern.

❸ Den Teig auf einer bemehlten Arbeitsplatte dünn zu einem Rechteck ausrollen, welches auf ein Backblech passt, und dort auf Backpapier platzieren. (Oder den Teig gleich auf Backpapier ausrollen.)

❹ Teig mit Schmandsahne bestreichen, die Käsescheiben darauf verteilen, mit Paprikapulver bestäuben. Blech in den Ofen (unten) schieben, den Flammkuchen 6 – 8 Min. backen, bis der Boden leicht kross ist.

❺ Olivenöl, Essig, Senf, Zucker, Salz und Pfeffer verrühren, Rucola darin schwenken und dann auf dem Flammkuchen verteilen. In Stücke schneiden und servieren.

Zeitbedarf: *35 Min., Ruhezeit: 30 Min.*
Das schmeckt dazu: *ein Glas neuer Wein (Federweißer) oder ein leichter Weißwein*
Pro Portion: *725 kcal*

GEWÜRZGURKEN

der Knack aus dem Glas

Gurken sowie auch andere Gemüse einzulegen, das geht ruck, zuck. Und noch weitere Vorteile liegen auf der Hand: Sie wissen, was genau verarbeitet wurde, können im Bestfall eigene Produkte aus dem Garten verwenden – und Sie haben tolle Mitbringsel

1

Bevor es an die eigentliche Verarbeitung geht, müssen die Gurken gewaschen und deren Enden abgeschnitten werden. Danach die Gurken 24 Std. in ausreichend Salzwasser einlegen – das lässt sie später schön knackig bleiben. Anschließend mit klarem Wasser abspülen und in einem Sieb abtropfen lassen.

FÜR 8 EINWECK- ODER SCHRAUBGLÄSER (JE 650 ML)

3 kg kleine Gurken (zum Einmachen), Salz
800 ml Apfel- oder Weinessig, 400 g Zucker
1 Pck. Essiggewürz, 8 Schalotten
4 Stängel Dill (mit Blüten), 8 Lorbeerblätter
1 EL Pimentkörner, 4 EL schwarze Pfefferkörner
4 EL gelbe Senfkörner

2

Einmachgläser, Deckel und eventuell Gummiringe gründlich spülen und dann sterilisieren: entweder 10 Min. in kochendem Wasser oder im 100° heißen Backofen, über Dampf oder in der Spülmaschine (Spülgang mit über 60° wählen). 1 l Wasser mit Essig, 3 EL Salz, Zucker und Essiggewürz (da sind z. B. Koriander, Nelken, Meerrettich, Ingwer drin) in einem Topf aufkochen. Die Schalotten schälen und den Dill abbrausen.

Tipp – Mixed Pickles: Nach dem Prinzip des Gurkeneinmachens lassen sich auch andere Gemüse einlegen. Neben Gurken sind Möhren, Paprika, Silberzwiebeln, Blumenkohl oder Rote Bete Klassiker.

3

Nun die Gurken richtig dicht in die Gläser drücken (am besten senkrecht), ohne sie zu verletzen. Schalotten, Dill, Lorbeerblätter, Piment-, Pfeffer- und Senfkörner zu gleichen Teilen auf die Gläser verteilen. Mit so viel kochendem Sud begießen, dass die Gläser randvoll und die Gurken komplett bedeckt sind. Die Gläser mit den Deckeln fest verschließen, dabei bei den Einweckgläsern die Gummiringe dazwischen legen. Gurken über Nacht auskühlen lassen (Schraubgläser am besten über Kopf). So sind sie praktisch jahrelang haltbar.

Variante Senfgurken: Die Gurken schälen, längs vierteln, entkernen. Dann 1 – 2 Tage in einem Mix aus Essig, Zucker, Zwiebeln, getrocknetem Meerrettich, Senf- und Pfefferkörnern einlegen. In die Gläser füllen, gut verschließen und im Wasserbad 10 Min. einkochen.

4

Es geht nicht ohne

SUPPE & SALAT

SUPPEN MACHEN GLÜCKLICH UND WARM UMS HERZ, SALATE ERFRISCHEN DEN GAUMEN – OB SIE DAS NUN ALS VORSPEISE, BEGLEITUNG, ZWISCHENGERICHT ODER HAUPTMAHLZEIT ZUBEREITEN. BEIDE LASSEN SICH IM HANDUMDREHEN VARIIEREN, WAS IHNEN ALLE MÖGLICHKEITEN AN DIE HAND GIBT.

RINDERFOND

für Suppen und Saucen

Kochen Sie am besten Brühen und Fonds gleich in größeren Mengen. Sie lassen sich problemlos einfrieren und sind dann – vor allem wenn es fix gehen soll – die perfekte Grundlage für Suppen aller Art.

1

Den Backofen auf 180° vorheizen. Die Zwiebeln waschen, abtrocknen und ungeschält halbieren. Mit den Schnittflächen nach unten in eine Pfanne setzen und bei mittlerer Hitze anrösten. Das Gemüse waschen und putzen oder schälen und in grobe Würfel schneiden.

FÜR CA. 2 L FOND

- 2 Zwiebeln
- 3 Möhren
- 150 g Petersilienwurzeln
- 150 g Knollensellerie
- 1 Stange Lauch
- 1 kg Markknochen vom Rind
- 2 kg Fleischknochen vom Rind
- 3 EL Öl
- 1 kg Ochsenschwanz
- 2 Lorbeerblätter
- 3 Nelken
- 10 schwarze Pfefferkörner
- 4 Pimentkörner
- 2 Knoblauchzehen

2

Aus den Markknochen (bis auf 1 – 2 Knochen) das Mark mit dem Daumen oder einem Löffel herausdrücken und für Markklößchen verwenden oder entsorgen. Zu viel davon würde den Fond zu fett machen, aber ein wenig Mark gibt guten Geschmack. Alle Markknochen und die Fleischknochen unter kaltem Wasser gut abspülen und mit Küchenpapier abtupfen.

3

Das Öl in einen großen Bräter geben, Knochen und Ochsenschwanz ebenfalls. Im Ofen (Mitte) goldbraun rösten. Um den Bratansatz zu lösen, alles öfters mit einem Schaber wenden. Nach 20 Min. die Hälfte des Gemüses und 2 Zwiebelhälften zu den Knochen geben und weiterrösten.

4

Nach ca. 45 Min. Knochen und Ochsenschwanz in einen großen Topf heben – aber nicht in den Topf kippen, da sonst zu viel Fett mitschwappt. Mit Wasser bedecken und auf dem Herd ohne Deckel aufkochen. Den Schaum, der sich dabei bildet, mit dem Schaumlöffel ab und zu abnehmen. Kommt kein Schaum mehr hoch, das restliche Gemüse, übrige Zwiebeln sowie die Gewürze und die ungeschälten angedrückten Knoblauchzehen dazugeben. Alles 2 – 3 Std. bei geringer bis mittlerer Hitze köcheln lassen.

5

Zum Abfiltern des Fonds diesen durch ein großes Sieb gießen, das in einem Topf hängt und mit einem festen Passiertuch ausgelegt ist. Fond über Nacht an einen kühlen Ort stellen. Am nächsten Tag die erkaltete Fettschicht von der Oberfläche abheben. Jetzt können Sie den Fond weiter einreduzieren, um ihn in Eiswürfelschalen einzufrieren – oder Sie füllen ihn in heiß ausgespülte Schraubgläser, wo er im Kühlschrank mehrere Wochen haltbar ist.

SIEHT IN RAUTEN
GESCHNITTEN
SCHICK AUS

GEMÜSESUPPE MIT EIERSTICH
UND MARKKLÖSSCHEN

einfach und doch festlich

Vor allem im ländlichen Deutschland gehört eine mit viel Liebe zubereitete Suppe an Sonn- und Feiertagen mit auf den Mittagstisch. Etwa eine wie diese hier.

FÜR 6 PERSONEN

FÜR DIE SUPPE
2 Möhren
1 Stange Staudensellerie
1 kleine Knolle Fenchel
1 Stange Lauch
die Stängel von 1 kleinen Bund Petersilie
1 kleines Bund Liebstöckel
1 EL Öl
1½ l Gemüsebrühe
6–7 schwarze Pfefferkörner
4 Pimentkörner, Salz
200 g Blumenkohl
1 rote Paprikaschote
150 g TK-Erbsen
Pfeffer
frisch geriebene Muskatnuss

FÜR DEN EIERSTICH
150 g Sahne (ersatzweise Milch)
5 Eier
2 EL gehackte Petersilie
Salz, Pfeffer
frisch geriebene Muskatnuss
Butter zum Ausfetten

FÜR DIE MARKKLÖSSCHEN
2 Markknochen vom Rind
100 ml Milch
3 altbackene Brötchen
2 Eier
Salz
1 EL gehackter Kerbel
1 EL gehackter Schnittlauch
Semmelbrösel nach Bedarf

1. Für die Suppe die Möhren schälen und sehr fein würfeln. Sellerie und Fenchel waschen, putzen und ebenfalls sehr fein würfeln, vorhandenes Grün hacken. Den Lauch gründlich waschen, putzen und in sehr dünne Ringe schneiden. Petersilienstängel und Liebstöckel abbrausen, trocken schütteln und mit Küchengarn zusammenbinden.

2. In einem großen Topf das Öl erhitzen und darin Möhren, Sellerie, Fenchel und deren Grün andünsten. Mit der Gemüsebrühe ablöschen, den Lauch, Kräuterbund, Pfeffer- und Pimentkörner dazugeben, mit Salz würzen und alles aufkochen.

3. Den Blumenkohl waschen, putzen und in ganz kleine Röschen schneiden. Paprikaschote putzen, waschen und fein würfeln. Beides mit den noch gefrorenen Erbsen zur Suppe geben. Die Suppe 10 Min. bei mittlerer Hitze kochen lassen, dann Kräuterbund herausfischen und die Suppe abschmecken. Heiß halten.

4. Für den Eierstich die Sahne mit den Eiern aufschlagen, die Petersilie unterrühren, mit den Gewürzen abschmecken. Eine flache hitzebeständige Form mit Butter ausfetten und die Eiersahne ca. 2 cm hoch einfüllen. Die Form mit Alufolie verschließen und in einen großen weiten Topf stellen. Nun so viel heißes Wasser angießen, dass die Form zu mehr als der Hälfte im Wasser steht. Den Eierstich bei geringer Hitze in ca. 30 Min. stocken lassen, dann aus den Formen stürzen und in Würfel oder Rauten schneiden. Warm halten.

5. Für die Markklößchen mit einem Löffel das Mark aus den Knochen kratzen und in einer kleinen Pfanne bei geringer Hitze schmelzen. Parallel dazu die Milch erhitzen. Altbackene Brötchen entrinden, Krume grob schneiden und mit der Milch übergießen. Nach kurzem Durchziehen die Brötchen gut ausdrücken und fein hacken.

6. Das etwas abgekühlte Mark mit den Eiern aufschlagen und zusammen mit Salz und den Kräutern zu den Brötchen geben. Alles mit den Händen gut verkneten, sodass eine feine, homogene Masse entsteht. Ist sie zu flüssig, nach Bedarf noch Semmelbrösel untermischen, bis sie gut knetbar ist. Mit angefeuchteten Händen daraus murmelgroße Kugeln formen und diese in siedendem Wasser ca. 5 Min. garen.

7. Zum Servieren den Eierstich und die Markklößchen in tiefe Teller verteilen und mit der Gemüsesuppe auffüllen.

Tipp: Die Gemüse für diese Suppe lassen sich jeweils saisonal beliebig austauschen. Und soll sie eine eigenständige Mahlzeit bilden, legen Sie einfach noch Suppenfleisch mit ein. In der italienischen Version, der Minestrone, streut man dazu geriebenen oder gehobelten Parmesan obenauf. Macht sich in der Kombination ganz lecker!

Zeitbedarf: *1 Std. 40 Min.*
Das schmeckt dazu: *wenn danach ein Tafelspitz serviert wird, passt das wunderbar*
Pro Portion: *690 kcal*

KARTOFFEL-SUPPE

eine satte Angelegenheit

FÜR 4 PERSONEN
2 Zwiebeln
1 große Stange Lauch
200 g Knollensellerie
3 große Möhren
700 g mehligkochende Kartoffeln
2 EL Butter, 1½ l Gemüsebrühe
2 Lorbeerblätter
Salz, Pfeffer
frisch geriebene Muskatnuss
200 g rote Linsen
2 Stängel Majoran
100 g Sahne
4 EL Essig
4 Bockwürste oder Wiener Würstchen

1 Die Zwiebeln schälen und klein würfeln. Den Lauch putzen, waschen und in Ringe schneiden. Sellerie, Möhren und Kartoffeln schälen und nicht zu klein würfeln.

2 In einem Topf die Butter schmelzen und darin die Zwiebeln glasig andünsten. Möhren und Sellerie für 1–2 Min. mitdünsten, bis sie ebenfalls schön glänzen. Kartoffeln dazugeben und alles unter Rühren noch 1 Min. dünsten. Nun die Brühe angießen, Lorbeerblätter und Lauch zugeben. Mit Salz, Pfeffer und Muskat abschmecken, Deckel auflegen und die Suppe ca. 30 Min. bei mittlerer Hitze kochen lassen. Dabei nach ca. 15 Min. die Linsen in einem Sieb unter kaltem Wasser abbrausen und zum Garen mit in die Suppe geben.

3 Am Ende der Garzeit die Lorbeerblätter herausfischen und die Hälfte der Suppe aus dem Topf schöpfen. Die verbliebene Hälfte im Topf fein zerstampfen oder pürieren, dann die andere Hälfte wieder dazugeben.

4 Majoran abbrausen und trocken schütteln, die Blättchen abzupfen, grob hacken und zur Suppe geben. Die Sahne einrühren und die Suppe mit dem Essig und den Gewürzen abschmecken.

5 Zwischendurch in einem Topf Wasser erhitzen und die Würstchen darin kurz ziehen und heiß werden lassen, dann in die Suppe geben. Zweite Möglichkeit: Würstchen in Stücke schneiden und direkt in der Suppe erwärmen.

Tipp: Ein Gericht für kalte Tage, bei dem man sich nicht streng ans Rezept halten muss. Während die Kartoffeln zwar das »Leitmedium« sind, bieten sich auch andere Gemüse wie Mairüben, Bohnen oder Erbsen an. Der Schuss Essig am Ende frischt gut auf.

Zeitbedarf: *50 Min.*
Das schmeckt dazu: *eine Scheibe Bauernbrot – und am Tisch wird es verdächtig still*
Pro Portion: *675 kcal*

FLÄDLESUPPE MIT SAUER-AMPFER

Pfannkuchen extra fein

FÜR 4 PERSONEN
3 Eier, 1 Prise Salz
¼ l Milch
200 g Mehl
1 EL Mineralwasser
1 Handvoll Sauerampferblätter
¼ TL gemahlene Kurkuma
2 EL Öl
1¼ l guter Rinderfond (S. 42)
Salz, Pfeffer
frisch geriebene Muskatnuss

1. In einer Rührschüssel die Eier mit Salz und der Milch mit einem Kochlöffel aufschlagen. Portionsweise das Mehl unterrühren und dann das Mineralwasser dazugeben – es macht den Teig schön luftig.

2. Den Sauerampfer abbrausen, trocken schleudern und nicht zu fein hacken. Zusammen mit der Kurkuma (ergibt eine tolle Farbe!) zum Pfannkuchenteig geben. Alles wirklich gut verrühren.

3. Backofen auf 70° vorheizen. In einer beschichteten Pfanne etwas Öl erhitzen und darin eine nicht zu große Schöpfkelle Teig durch Schwenken der Pfanne so verteilen, dass sich ein dünner Fladen ergibt. Sobald der Teig beginnt, fest und goldbraun zu werden, mit einem Pfannenwender den Fladen umdrehen und auf der anderen Seite ebenfalls ganz leicht bräunen. Auf diese Weise den ganzen Teig verwenden – je nach Pfannengröße kommen dabei 3–4 Pfannkuchen zustande. Die fertigen Pfannkuchen im Backofen warm halten.

4. Zwischendurch in einem großen Topf den Rinderfond erhitzen, aber nicht sprudelnd kochen lassen. Mit Salz, Pfeffer und Muskat abschmecken.

5. Die Pfannkuchen nacheinander locker aufrollen und mit einem großen Messer in Streifen von gewünschter Breite schneiden. Die kleinen Pfannkuchennester in tiefe Teller oder Suppentassen legen und mit dem heißen Fond auffüllen.

Sauerampfer bekommen Sie auf dem Wochenmarkt oder beim gut sortierten Gemüsehändler (am besten vorbestellen!), Sie finden ihn aber auch auf gut mit Wasser versorgten Wiesen. Er ist ein klassisches Frühlingskraut und sieht mit seinen pfeilförmigen Blättern dem Spinat recht ähnlich. Wenn Sie, wie bei diesem Rezept, die Blätter frisch verwenden, kommt die charakteristische Säure bestens zum Tragen. Sie können die Blätter aber auch ganz kurz durch kochendes Wasser ziehen und dann eiskalt abschrecken, um dies abzumildern. Ersatzweise passen Rucolablätter ebenfalls.

Zeitbedarf: *30 Min.*
Das schmeckt dazu: *ein aromatischer, trockener Weißwein, z. B. ein Grauburgunder; auch sehr fein: die Pfannkuchen nicht in Streifen schneiden, sondern ganz lassen, dünn mit einer nicht zu würzigen Hackfleischsauce bestreichen, mit geriebenem Käse (z.B. Parmesan) bestreuen und aufrollen, dazu bietet sich dann ein knackiger gemischter Blattsalat an*
Pro Portion: *335 kcal*

DAS TRÜFFELÖL EHER
SPARSAM DOSIEREN

WURZEL-CREMESUPPE

mit Selleriecrunch

FÜR 4 PERSONEN
500 g Knollensellerie
400 g Pastinaken
400 g Petersilienwurzeln, 1 Zwiebel
2 EL Butter, 1 l Gemüsebrühe
½ l Öl zum Frittieren
1 Dose Kokosmilch (400 ml)
Salz, Pfeffer, 2 EL Essig
Trüffelöl zum Beträufeln (nach Belieben)

1 Wurzelgemüse schälen. Vom Sellerie ein 100-g-Stück abschneiden und zu streichholzfeinen Stiften scheiden. Übrigen Sellerie, Pastinaken und Petersilienwurzeln klein würfeln. Zwiebel schälen und ebenfalls klein würfeln.

2 Die Butter in einem Topf schmelzen. Darin die Zwiebel glasig andünsten. Gemüsewürfel dazugeben und ebenfalls kurz andünsten. Mit der Brühe auffüllen und das Gemüse knapp damit bedecken. Deckel auflegen, Suppe aufkochen und bei mittlerer Hitze ca. 25 Min. kochen lassen, bis das Gemüse weich ist.

3 Zwischenzeitlich das Öl zum Frittieren in einem Topf oder einer Pfanne auf ca. 180° erhitzen. Darin die Selleriestifte frittieren. Dabei darauf achten, dass sie eine schöne bräunliche Farbe annehmen. Die Sticks mit einem Schaumlöffel aus dem Öl heben und auf Küchenpapier abtropfen lassen.

4 Den Suppentopf vom Herd nehmen und das Gemüse mit einem Stabmixer pürieren. Mit der Kokosmilch auffüllen und mit Salz und Pfeffer abschmecken. Erst ganz zum Schluss den Essig dazugeben. Auf dem Teller mit den Selleriesticks und nach Belieben 1 – 2 Tropfen Trüffelöl servieren.

Zeitbedarf: *40 Min.*
Das schmeckt dazu: *ein frischer Rosé, als Gegenpol zur sättigenden Suppe*
Pro Portion: *385 kcal*

SPARGELSUPPE

ein seidiger Genuss

FÜR 4 PERSONEN
500 g weißer Spargel (Bruch mit Köpfen), 1 Schalotte, 2 EL Butter
1 TL Mehl, ½ l Gemüsefond
100 g Sahne, 1 Ei, Salz
½ TL Currypulver, 1 EL Zitronensaft
100 g Räucherlachs, einige Dillspitzen

1 Den Spargel schälen. Die Köpfe in mundgerechte Stücke schneiden und längs halbieren. Übrigen Spargel in grobe Stücke schneiden. Die Schalotte schälen und klein würfeln.

2 In einem Topf Butter schmelzen, Schalotte darin andünsten. Mehl darüberstäuben und kurz mitdünsten, Fond unterrühren. Grobe Spargelstücke dazugeben und in 15 Min. weich garen, dann pürieren. Sahne und Ei verquirlen und die Suppe damit binden (jetzt nicht mehr kochen!). Spargelspitzen einlegen und in 5 – 6 Min. nicht zu weich garen.

3 Die Suppe mit Salz und Curry würzen, mit Zitronensaft abschmecken. Auf Teller verteilen und mit dem in Streifen geschnittenen Lachs und dem Dill servieren.

Zeitbedarf: *35 Min.*
Das schmeckt dazu: *krosses Baguette*
Pro Portion: *315 kcal*

AROMATISCHE HÜHNERBRÜHE

das Gefühl zu Hause zu sein

Das Glück im Suppenteller: Hühnerbrühe steht kulturübergreifend für innere Wärme, für Zufriedenheit und Gesundheit. Und das, obwohl es ein recht einfaches Gericht mit wenigen Zutaten ist. Die aber sollten von bester Qualität sein, wie etwa das fleischige Huhn aus möglichst nachhaltiger Bio-Aufzucht.

FÜR 4 PERSONEN
2 Zwiebeln
1 Kräutersträußchen (Bouquet garni aus 2 Lorbeerblättern, Petersilie, Rosmarin und Thymian)
3 Nelken
2 Scheiben Bio-Orange
3–4 Scheiben Ingwer
1 Suppenhuhn (mindestens 2 kg)
Salz
1 EL schwarze Pfefferkörner
5–7 Wacholderbeeren
1 Stange Lauch
150 g Knollensellerie oder Petersilienwurzeln
1 große Möhre
frisch geriebene Muskatnuss
Pfeffer

1 Die Zwiebeln waschen, abtrocknen und ungeschält halbieren. Mit den Schnittflächen nach unten in eine Pfanne setzen und bei mittlerer Hitze anrösten.

2 Das Kräutersträußchen abbrausen, trocken schütteln und mit Zwiebeln, Nelken, Orangen- und Ingwerscheiben und dem Huhn in einen ausreichend großen Topf geben und diesen mit kaltem Wasser füllen. Das Suppenhuhn sollte komplett damit bedeckt sein. Zum Schluss noch mit wenig Salz würzen und die Pfefferkörner und Wacholderbeeren dazugeben.

3 Das Wasser aufkochen. Nach dem ersten starken Aufwallen die Hitze so einstellen, dass sich das Wasser gerade noch bewegt, keinesfalls sprudelnd kocht. Deckel schräg auflegen, sodass er nicht ganz schließt, und das Huhn mindestens 4 Std. sanft köcheln lassen. Mit der Zeit sammeln sich an der Brühenoberfläche Trübstoffe, die sich als Schaum absetzen: mit dem Schaumlöffel oder der Schöpfkelle immer wieder abseihen bzw. entfernen.

4 Den Lauch putzen, waschen und in grobe Ringe schneiden. Sellerie oder Petersilienwurzeln und die Möhre schälen und würfeln. Das Gemüse nach der Hälfte der Garzeit zur Brühe geben und mitkochen. Dabei die Brühe noch mit Muskat würzen.

5 Am Ende der Garzeit Kräuter, Gemüse und Gewürze aus dem Topf fischen und die Brühe samt Huhn über Nacht kalt stellen.

6 Am nächsten Tag das Fett an der Oberfläche entfernen und den Topfinhalt nochmals aufkochen. Dann das Huhn herausheben und anderweitig verwerten (z. B. in einem gut gewürzten Hähnchensalat, es besitzt nun nur noch wenige Inhaltsstoffe, die sind auf die Brühe übergegangen). Zum Abfiltern der Brühe, diese durch ein großes Sieb gießen, das in einem Topf hängt und mit einem festen Passiertuch ausgelegt ist. Brühe mit Salz, Pfeffer und Muskat abschmecken.

So schau´n wir gut aus!

Tipp: Zum Hühnersuppentopf wird die Brühe, wenn Sie sie nicht pur, sondern mit Einlage servieren. Einfach darin blanchiertes Gemüse (z. B. Möhren, Sellerie, Lauch) oder aber auch Hühnerbrustfilet in Streifen oder Würfeln gar ziehen lassen. Die Brühe kann mit Weißwein oder Zitronensaft verfeinert werden.

Zeitbedarf: *25 Min., Garzeit: 4 Std.*
Pro Portion: *20 kcal*

HIER STECKT VIEL
GESUNDHEIT DRIN

BRENNNESSEL-SUPPE

Vitaminschub im Frühjahr

FÜR 4 PERSONEN
150 g junge, zarte Brennnesselblätter
Salz
je 1 Handvoll Löwenzahn- und Sauerampferblätter
4 kleine Frühlingszwiebeln
2 Knoblauchzehen
1 l Gemüse- oder Hühnerbrühe
2 EL Butter
100 g Sahne, 100 ml Milch
Pfeffer
frisch geriebene Muskatnuss
2 Eigelb
1 Msp. gemahlener Safran
essbare Wildblüten für die Garnitur (z. B. Taubnesseln, Primeln, Veilchen)

1 Die Brennnesseln auf der Arbeitsfläche auslegen (dazu am besten Einmalhandschuhe anziehen) und mit dem Nudelholz darüberrollen – dadurch werden die Nesseln zerstört und das Kraut brennt nicht mehr. Alle harten Stiele entfernen. Die Blätter in kochendes Salzwasser geben und ca. 30 Sek. blanchieren, dann unter kaltem Wasser abschrecken.

2 Den Löwenzahn und Sauerampfer putzen, abbrausen und trocken schleudern. Die Frühlingszwiebeln putzen und waschen, den Knoblauch schälen. Alles getrennt fein hacken. Die Brühe erhitzen.

3 In einem Topf die Butter schmelzen. Darin zunächst die Frühlingszwiebeln andünsten. Es folgen der Knoblauch und ein paar Sekunden später alle Kräuter. Kurz andünsten, dann die heiße Brühe angießen und aufkochen. Sahne und Milch dazugießen und die Suppe mit Salz, Pfeffer und ein wenig Muskat abschmecken. Ab sofort darf die Suppe nicht mehr kochen.

4 Mit einer Schöpfkelle etwas Suppe aus dem Topf nehmen, mit den Eigelben verrühren und zurück in die Suppe geben. Die Temperatur auf geringer bis mittlerer Stufe halten, damit das Ei nicht gerinnt.

5 Die Wildblüten nur falls nötig vorsichtig abbrausen und trocken tupfen. Die Suppe vor dem Servieren noch mit dem Safran verfeinern und auf dem Teller mit den Blüten dekorieren.

Tipp: Sich beim Spazierengehen das Essen besorgen – eine gute Idee! In Wasserschutz- und Naturschutzgebieten können Sie auch sicher sein, dass, anders als bei allen landwirtschaftlich genutzten Flächen, die Pflanzen keinerlei Spritzmittel abbekommen haben. Und daraus macht man dann im Handumdrehen diese leckere Suppe.

Zeitbedarf: *20 Min.*
Das schmeckt dazu: *geröstetes Weißbrot*
Pro Portion: *165 kcal*

ROTE-BETE-SUPPE MIT MANGO UND MEERRETTICH

eine echte Überraschung

FÜR 4 PERSONEN
1 Stück Ingwer (3–4 cm)
600 g Rote Beten
2 EL Olivenöl
800 ml Gemüsebrühe
1 Bio-Zitrone
1 Mango
Salz, Pfeffer
2–3 Kumquats
1 Stück Meerrettich (3–4 cm)
2 EL Crème fraîche

1 Ingwer schälen und in nicht zu feine Würfel schneiden. Die Roten Beten schälen (dabei am besten Einmalhandschuhe anziehen) und in kleine Würfel schneiden.

2 Das Olivenöl in einem Topf erhitzen und darin ein Drittel des Ingwers nur ganz kurz andünsten. Die Roten Beten dazugeben und mit der Gemüsebrühe aufgießen, restlichen Ingwer unterrühren und alles zum Kochen bringen. Die Hitze reduzieren und die Suppe bei geschlossenem Deckel ca. 30 Min. köcheln lassen, bis das Gemüse weich ist.

3 In der Zwischenzeit die Zitrone heiß waschen und abtrocknen, die Schale fein abreiben oder mit einem Zestenreißer feine Streifen abziehen. Den Saft auspressen. Die Mango schälen, das Fruchtfleisch vom Stein schneiden und in grobe Stücke teilen. Ein Viertel der Mango mit etwas Zitronensaft in einem kleinen Messbecher mit dem Stabmixer fein pürieren.

4 Den Topf vom Herd nehmen. Die restlichen Mangostücke zur Suppe geben und alles fein pürieren. Mit dem übrigen Zitronensaft, Zitronenschale, Salz und Pfeffer abschmecken. Die Kumquats waschen, entkernen und sehr fein hacken. Den Meerrettich schälen und fein reiben.

5 Das Mangopüree mit der Crème fraîche verrühren. Die Suppe in Schalen oder tiefe Teller füllen und je 1 Klecks Mangocreme in der Mitte platzieren. Wer möchte, zieht die Creme mit einem kleinen Löffel strahlenförmig zum Tellerrand hin. Mit dem Meerrettich und den Kumquats bestreuen.

Tipp: Bei dieser herrlich aromatischen Suppe bringen Sie eine ganze Reihe von Individualisten unter einen Hut – und Sie werden Roten Beten eine völlig neue Seite abgewinnen. Die moderne und schnelle Variante wäre übrigens, nicht die rohen Roten Beten zu kaufen, sondern die bereits vorgegarten Knollen (sie gibt es vakuumverpackt in der Gemüseabteilung). Das vermindert die Kochzeit locker um die Hälfte. Den Meerrettich reiben Sie immer frisch, dann entfaltet er seine ätherischen Öle am besten. Im Notfall tut es aber auch Sahnemeerrettich aus dem Glas. Und die Alternative für die Kumquats wäre fein abgeriebene Bio-Grapefruitschale.

Zeitbedarf: *1 Std.*
Das schmeckt dazu: *als Getränk eine fruchtige Scheurebe, als begleitender Kick scharf angebratene Gambas*
Pro Portion: *180 kcal*

RESPEKT, WER WIRKLICH
SELBST PULT!

KRABBENSUPPE

feinste Küstenküche

FÜR 4 PERSONEN
1 Bund Suppengrün
1 EL Öl, 1 Lorbeerblatt
2 EL Krebsbutter
400 ml Fischfond, 200 g Sahne
Salz, 1 EL Zitronensaft
2 Msp. Cayennepfeffer
350 g gepulte Krabben
1 EL Cognac, 4 EL Crème fraîche
einige Kerbelblättchen
zum Garnieren

1 Das Suppengrün putzen und waschen oder schälen und klein schneiden. In einem Topf das Öl erhitzen und darin das Gemüse zusammen mit dem Lorbeerblatt andünsten. Die Krebsbutter dazugeben und kurz aufschäumen lassen. Mit ¾ l Wasser ablöschen, aufkochen und 30 Min. köcheln lassen.

2 Dann die Brühe durch ein Sieb in einen zweiten Topf gießen und das Gemüse durch das Sieb streichen. Fischfond und Sahne dazugeben, kurz aufkochen. Mit Salz, Zitronensaft und Cayennepfeffer würzen.

3 Gut 250 g Krabben zur Suppe geben und 10 Min. ziehen lassen, dann mit dem Cognac fein abschmecken. Die Krabbensuppe auf tiefe Teller verteilen, restliche Krabben einlegen und jeweils 1 EL Crème fraîche dazugeben. Mit den Kerbelblättchen bestreuen.

Tipp: Fischkauf ist echte Vertrauenssache – bei Krabben erst recht. Es hat sich mittlerweile herumgesprochen, dass die meiste Ware im Ausland (z. B. in Marokko) geschält wird, was lange Handelswege mit sich bringt. Achten Sie beim Einkauf auf die Kennzeichnung »in Norddeutschland geschält«, das garantiert richtig frische Ware.

Zeitbedarf: *20 Min., Garzeit: 40 Min.*
Das schmeckt dazu: *ein herbes Pils und ein kräftiges Bauernbrot*
Pro Portion: *390 kcal*

LEBERKNÖDEL

in bester Brühe serviert

FÜR 4 PERSONEN
300 g küchenfertige Rinderleber
⅛ l Milch, 3 altbackene Brötchen
1 kleine Zwiebel, 3 EL Butter
3 EL gehacktes Basilikum, 2 Eier
abgeriebene Schale von 1 Bio-Limette
1 EL Semmelbrösel, Salz, Pfeffer
frisch geriebene Muskatnuss
1½ l (Bio-)Fleischbrühe

1 Leber waschen, trocken tupfen, pürieren. Milch erhitzen, über die Brötchen gießen, kurz ziehen lassen. Brötchen gut ausdrücken und grob zerrupfen. Zwiebel schälen, klein würfeln und in 1 EL geschmolzener Butter 3–4 Min. andünsten. Das Basilikum 1 Min. mitdünsten.

2 Übrige Butter mit dem Schneebesen cremig rühren. Leber, Eier, Limettenschale, Brötchen, Semmelbrösel und Zwiebel unterrühren. Mit Salz, Pfeffer und Muskat würzen. Die Farce in ca. 1 Std. im Kühlschrank fester werden lassen.

3 Fleischbrühe aufkochen, Hitze reduzieren. Aus der Farce 12 kleine Knödel formen und in der Brühe in ca. 20 Min. gar ziehen lassen.

Zeitbedarf: *40 Min., Kühlzeit: 1 Std.*
Das schmeckt dazu: *Schnittlauchröllchen*
Pro Portion: *290 kcal*

DER INOFFIZIELLE KING DER SALZWIESEN

JOHANNES KING

Sternekoch im Söl'ring Hof

GUTE GASTRONOMIE MIT REGIONALEN PRODUKTEN – SEHEN SIE DAS BEI UNS SCHON UMGESETZT?
Es tut sich einiges, aber da muss noch viel passieren – Deutschlands Vorteil ist hier aber seine unglaubliche Vielseitigkeit. Es war früher ja die Normalität, dass man mit dem kochte, was die Region hergab. In meiner Jugend im Schwarzwald hatte ich beispielsweise null Bezug zu Fisch. Heute können wir das Wissen aus allen Regionen sinnvoll kombinieren.

LASSEN SICH DIE GÄSTE DAFÜR BEGEISTERN?
Ja klar, die Gäste freuen sich drauf – aber es muss schon auch wirklich glaubwürdig und nachvollziehbar sein, was ihnen aufgetischt wird. Die Gäste sind bewusster geworden, und wir als Köche haben dem Rechnung zu tragen.

WAS SIND DIE WIRKLICHEN HERAUSFORDERUNGEN DABEI?
Man muss mit ehrlichen Produkten arbeiten. Ehrliche – beispielsweise nicht begast und nicht bestrahlt. Top Qualität steckt im Kreislauf der Natur.

IST IM TOP-SEGMENT DIE FRANZÖSISCHE KÜCHE OUT?
Ich würde mal sagen »Jein«. Deutschland hat jedoch mit eigenem Profil verdammt gut aufgeholt im absoluten Spitzenbereich. Bekömmlich kochen mit wenigen Kohlenhydraten – so kann die Zukunft sein.

WATT WUNDERBAR SALZIG!

Kräuter und Lämmer von Watt und Deich

Es ist ein herrlicher, windiger und sonniger Tag auf Sylt. Wir haben uns Gummistiefel angezogen und stapfen zusammen mit dem Zwei-Sterne-Koch Johannes King bei Ebbe durch einen natürlich dennoch feuchten Wattstreifen. Der Uferbereich ist bewachsen mit Gräsern – und Kräutern. Und genau die sind unser Ziel hier. King bückt sich – der Mann kennt einfach seine Stellen, klar – und entdeckt sie auf Anhieb: Queller. International auch Salicorn oder Paspierre genannt. Es sind eher dickfleischige Kräuter, die manchmal auch als Meeresspargel oder Meeresfenchel bezeichnet werden. Sie schmecken völlig unvergleichlich, irgendwie grün, dabei eindeutig salzig, aber auch leicht fruchtig. Für Johannes King sind sie ein Element seiner Salzkräuterküche, die er in seinem Restaurant »Söl'ringhof« pflegt. Er baut sie in vielerlei Gerichte ein, etwa angeschwitzt in der Pfanne, untergemischt im Salat oder auch nur zum Knabbern nebenher gereicht bei einem Fischgang.

Queller sind dabei nur ein Aspekt in Sachen Salzkräuter. Weitere Beispiele wären der saftig-intensive Wermut, Strandportulak und Strandwegerich, Lammsohr oder die unter Schutz stehende Strandaster.

»Es ist eine sehr sensible Zone, in der wir uns bewegen«, so King. »Ich komme hier bestimmt vier Mal pro Woche her und versorge mich mit den Kräutern, doch immer ist es überwältigend zu beobachten, was sich einem hier an Qualität bietet. Die Wasserqualität im Wattenmeer: 1A plus. Fast 2.000 Lebewesen pro Quadratmeter filtern hier alles raus, was stören könnte.« Was sowieso nicht viel wäre: wenig Schifffahrt, keine Sportboote, keine Industrie. Die Kräuter werden vom Meerwasser umspült, dieses zieht sich mit den Gezeiten zurück, die Sonne scheint, das Salz kristallisiert und dringt umso intensiver in die Pflanzen ein – bingo! Vollstes Aroma.

ERST MAL MORGENS PFLÜCKEN

Es ist für die meisten Gäste (und Gastronomen!) eher schräg, was Johannes King da betreibt, doch er hat seine Nische gefunden. Der Umgang mit den Salzkräutern macht ihn recht einzigartig. Hinzu kommt sein Kräutergarten hinter dem Bauernhaus, wo sein Tag beginnt. 30 Minuten sind es locker, in denen er die verschiedensten Beete durchforstet und unter 60 – 70 Kräutern und Früchten seinen Tagesbedarf auswählt. Hagebutten, Kreten, Weißdorn, Ebereschen, Bronzefenchel, Rote Melde, Austernkraut oder 50-jähriger Spargel. Alles erscheint irgendwie wild, nicht wirklich angelegt, geordnet, obwohl es durchaus einen Pflanzplan gibt. »Ein echter Bauerngarten halt!«, lacht King, den es vor langer Zeit aus dem Schwarzwald hier auf diese Insel verschlug. Er hat seine Bestimmung gefunden, und die ist anders zu definieren als nur »Koch«. Genau damit kom-

men wir der Sache näher. »Wir haben als Köche eine kulinarische Verantwortung, und wenn wir die wahrnehmen, kann es nicht sein, dass wir unseren Gästen immer noch Gänsestopfleber servieren.« Unter anderem deshalb der Umschwung auf regionale Produkte von bester Qualität, durchaus auch gerne im Alleinstellungsmerkmal.

GERNE BELÄMMERT!

In ähnlicher Mission ist Sönke Magnus Müller unterwegs. Der gebürtige Husumer ist eigentlich Kunst- und Bauhistoriker und praktiziert diesen Beruf auch noch – doch seine Leidenschaft gilt der guten Küche. Vor einigen Jahren erwarb er ein ehemaliges Brauereianwesen in seiner Heimatstadt und wollte im Umbau dort etwas Kulinarisches integrieren, er war auf der Suche nach einem entsprechenden Thema. Nachdem der Blick aus dem Gelände direkt auf den Deich führt, war schnell klar: Lämmer! Seit Jahrhunderten gibt es die Tradition der friesischen Bauern, ihre Schafe auf den Deichen weiden zu lassen. Müller, am Deich groß geworden, beklagt: »Die Deutschen kennen ihre Lebensmittel nicht mehr gut genug. Die Einkaufsstruktur ist heute anders, lokale Produkte verschwinden ganz oder wandern ab ins Ausland, etwa nach Frankreich, wo man für Qualität einfach mehr Geld ausgibt.«
Also startete er 2013 die Zusammenarbeit mit derzeit einem Dutzend Bauern, Tendenz steigend. In die alte Brauerei baute er einen Hofladen und ein Bistro ein und begann mit der Vermarktung von Salzlämmern. Dafür gründete er Marken: »Salzfriesenlamm« steht für Premium-Qualität, die Tiere werden nicht älter als ein halbes Jahr, sie verbringen ihr ganzes Leben ohne Zufütterung auf den Außendeichen, wo der Salzgehalt der Wiesen am höchsten ist. »Deichlamm« ist im Prinzip das Gleiche, nur weiden die Lämmer hier auf den

MIT LÄMMERN KULTUR BEWAHREN

Sommerdeichen, also dem Land zugewandt. Das Fleisch ist hellrosa und besitzt eine ganz andere Konsistenz als die gewohnte Ware, es ist mild und dabei hocharomatisch. Das Prinzip der natürlichen Würzung ist das gleiche wie bei Kings Salzkräutern, in diesem Falle noch ein Schritt weiter ins Tier übergegangen. »Wenn Sie dann zudem ein Inselfleisch von der Hallig haben, da drehen Sie durch!«, lacht Müller, der mit seinen Produkten den hochwertigen Einzelhandel anspricht, derzeit aber noch klein und fein ist. Die Kosten? »Für ein Kilo Lammkeule verlangen wir 22,90 €, eigentlich nicht zu viel bei diesem Gegenwert …«
Johannes King und Sönke Magnus Müller stehen beide für einen Weg, der für viele Köche und Genießer die Zukunft sein könnte und vielleicht sogar sollte: weg vom gezwirbelten Chi-Chi und hin zu regionalen, traditionellen Produkten. Und diese dann sinnvoll ein- und umgesetzt. Mal völlig abgesehen von der Tatsache, dass man damit die heimische Landwirtschaft unterstützt und bewahrt: Ist es nicht längst langweilig geworden, auf jeder »ambitionierten« Speisekarte Wolfsbarsch, Schwertfisch und Jakobsmuscheln zu finden? »Leider haben jedoch selbst Köche oft keine Ahnung mehr von Warenkunde und trauen sich daher nur noch an Standardware heran«, stellt Müller fest. King mag keine Kollegenschelte betreiben, doch für ihn ist gerade die Herausforderung der Reiz. Er ist Mitbesitzer eines 10-Meter-Kutters, dessen Mannschaft ihn mit Meeräschen, Steinbutt, Makrele, Knurrhahn, Rotzungen, Rochen oder Wittling sowie diversen Muscheln und Schnecken versorgt. »Kein Fisch kommt bei uns südlicher als von Hamburg«, so King, dem die Herkunft wichtiger ist als jegliches zweifelhafte Bio-Siegel.

DAS EIGENE UMFELD ENTDECKEN

Für eine Speisekarte, die sich mit den Jahreszeiten radikal ändert, muss man als Küchenchef aber auch gewappnet sein – da gibt es dann eben im Herbst nichts frisches Grünes. Was wir brauchen, sind Mut und Kreativität am Herd. Der Gast möchte vielleicht nicht mehr Desserts, denen man ansehen kann, dass der Patissier 35 Minuten daran gebastelt hat. Vielmehr sind es doch die überraschenden kleinen Kicks auf dem Teller, die uns Freude bringen: Wildkräuter, Fische aus den umliegenden Bächen und Seen, Wild aus den heimischen Wäldern, Früchte von Streuobstwiesen. Mal eher Wirsing oder Rosenkohl, anstatt ewig Zuckerschoten und Keniabohnen. Jäger, Züchter, Pflücker, Sammler und Bauern gibt es in jeder Region, man muss sich nur etwas um seine Lieferanten bemühen. Was dann serviert werden kann, hat Herkunft und Geschichte – und weckt damit Emotionen. Und genau darum geht es ja beim genussvollen Essen.

ROTER HERINGSSALAT

sahnig und frisch

FÜR 6 PERSONEN
300 g festkochende Kartoffeln
4 Eier
2 Birnen
300 g vorgegarte Rote Beten (vakuumverpackt)
1 Zwiebel
100 g Walnüsse
6 Heringsfilets (in Öl, ca. 600 g)
150 g saure Sahne
150 g Naturjoghurt
Salz, Pfeffer
40 ml Grapefruitsaft
2 Stängel Minze

1 Die Kartoffeln waschen und in ausreichend Wasser in ca. 20 Min. nicht ganz durch garen, pellen, ausdampfen lassen und in mundgerechte Würfel schneiden. Die Eier hart kochen (ca. 10 Min.), abschrecken, schälen und auskühlen lassen.

2 Inzwischen die Birnen schälen, vierteln, entkernen und in kleine Würfel schneiden. Die Roten Beten ebenfalls klein würfeln. Zwiebel schälen und fein würfeln, Walnüsse grob hacken. Von den Heringsfilets das überschüssige Öl mit Küchenpapier abtupfen (beim Abspülen unter fließendem Wasser würde zu viel Geschmack verloren gehen), die Heringe in Stückchen schneiden. Alle vorbereiteten Zutaten in eine Schüssel füllen.

3 Saure Sahne, Joghurt, Salz, Pfeffer und Grapefruitsaft verrühren, abschmecken. (Falls gewünscht, noch etwas mehr Saft dazugeben, um das Dressing frischer zu machen.) Minze abbrausen und trocken schütteln, die Blättchen abzupfen, hacken und unter das Dressing heben.

4 Dressing zum Salat geben, gut durchmischen und im Kühlschrank mindestens 2 Std. durchziehen lassen. Vorm Servieren die Eier in Spalten schneiden und den Salat damit garnieren.

Zeitbedarf: *30 Min., Ruhezeit: 2 Std.*
Das schmeckt dazu: *gutes Brot*
Pro Portion: *535 kcal*

RINDFLEISCH-SALAT

geniale Resteküche

FÜR 4 PERSONEN
600 g gebratenes oder gekochtes Rindfleisch
1 Möhre, 100 g Champignons
1 Apfel, 200 g Kirschtomaten
4 Frühlingszwiebeln
½ Bund Schnittlauch
½ Bund Kerbel
1 Stück Meerrettich (3–4 cm)
3 EL Weißweinessig
1 TL körniger Senf
Salz, Pfeffer
1 Prise Zucker
Saft von 1 Limette
4 EL Öl

1 Das Rindfleisch in dünne, ca. 1 cm breite Streifen schneiden. Die Möhre schälen, die Champignons putzen und beides in dünne Scheiben schneiden. Den Apfel schälen, vierteln, entkernen und in kleine Würfel schneiden. Die Kirschtomaten waschen und halbieren.

2 Die Frühlingszwiebeln waschen, putzen und in feine Ringe schneiden. Die Kräuter abbrausen, trocken schleudern und hacken. Den Meerrettich schälen und fein reiben. Alles in eine Schüssel geben.

3 Aus den restlichen Zutaten ein Dressing rühren, dabei das Öl zum Schluss einfließen lassen. Zum Salat in die Schüssel geben, alles gut durchmischen und den Salat noch ca. 10 Min. durchziehen lassen.

Tipp: Wenn es mal noch schneller gehen muss oder man nichts an Gemüse im Kühlschrank hat, nimmt man in der Küche einfach eine Abkürzung: Rindfleisch klein schneiden, Gewürzgurken aus dem Glas dazuschnippeln, etwas saure Sahne und einen Klecks Senf einrühren. Mit Salz, Pfeffer und Essig würzen – fertig!

Zeitbedarf: *20 Min., Ruhezeit: 10 Min.*
Das schmeckt dazu: *Bauernbrot oder Bratkartoffeln*
Pro Portion: *325 kcal*

DA BLEIBT GARANTIERT
NIX MEHR ÜBRIG

1

BLATTSALAT, ZITRONE, HIMBEERE

SCHON MAL DRESSING MIT EINEM TOUCH KONFITÜRE PROBIERT? HAT WAS!

2

CHICORÉE, APFEL, JOGHURT

FEINE ZARTE BITTERSTOFFE EINGEBETTET IN EIN CREMIGES DRESSING – PERFEKT!

3

GRÜNE BOHNEN, TOMATEN, THYMIAN

VIELLEICHT UNSPEKTAKULÄR, ABER IMMER SEHR LECKER ALS BEGLEITER VON GEGRILLTEM

4

GURKE, RUCOLA, PAPRIKA

DIESEN SALAT KANN MAN – JE NACH LAUNE – AUCH EINMAL MIT ETWAS JOGHURT ODER SCHMAND VERFEINERN

FÜR 4 PERSONEN

ZUTATEN: je 1 roter und 1 grüner Blattsalat (z. B. Kopfsalat, Lollo, Eichblatt), 1 Bio-Zitrone, 40 g Pinienkerne, 3 EL Walnussöl, 1 EL Apfelessig, 1 TL Himbeerkonfitüre, Salz, Pfeffer

1 Die Blattsalate putzen, waschen, trocken schleudern und in die gewünschte Blattgröße zupfen. In eine Schüssel geben. Die Zitrone heiß abwaschen, abtrocknen und die Schale fein abreiben. Nun die Zitrone schälen (auch die weiße Haut mit entfernen!), halbieren, die Kerne entfernen und das Fruchtfleisch sehr fein schneiden. Die Pinienkerne in einer Pfanne ohne Fett goldbraun rösten. 2 Aus Walnussöl, Essig, Himbeerkonfitüre, Zitronenfleisch und -schale, Salz und Pfeffer ein Dressing rühren. 3 Das Dressing zu den Blattsalaten geben und alles gut vermischen. Beim Anrichten die Pinienkerne als Topping darüberstreuen.

Zeitbedarf: *15 Min.* | **Das schmeckt dazu:** *gegrillter Fisch* | **Pro Portion:** *155 kcal*

FÜR 4 PERSONEN

ZUTATEN: 4 Chicorée, 300 g eher süße Äpfel (z. B. Jonagold), 100 g Naturjoghurt, 3 EL Zitronensaft, 1 Prise Zucker, Salz, Pfeffer

1 Den Chicorée putzen und waschen, dabei 8 große Blätter ablösen und beiseitelegen. Übrige Blätter trocken tupfen, quer in dünne Streifen schneiden und in eine Schüssel geben. Die Äpfel waschen oder schälen, vierteln, entkernen und in sehr dünne Spalten schneiden oder hobeln. Ebenfalls in die Schüssel geben. 2 Joghurt mit Zitronensaft, Zucker, Salz und Pfeffer zu einem Dressing verrühren. Zum Salat geben und alles gründlich vermischen. 3 Salat kurz durchziehen lassen. Dann zurückbehaltene Chicoréeblätter auf Tellern arrangieren und mit dem Salat befüllen.

Zeitbedarf: *20 Min.* | **Das schmeckt dazu:** *gebratene Hühnerbrüste oder Putenstreifen* | **Pro Portion:** *65 kcal*

FÜR 4 PERSONEN

ZUTATEN: 500 g Stangenbohnen, 2–3 Stängel Bohnenkraut, Salz, 350 g Tomaten, 3–4 Stängel Thymian, 3 EL Olivenöl, 2 EL Apfelessig, 1 TL Honigsenf, Pfeffer

1 Die Bohnen waschen und putzen, also die Enden abknipsen, dann schräg in Stücke von 4 cm Länge schneiden. Bohnenkraut abbrausen und mit den Bohnen in ausreichend Salzwasser geben. Bohnen in ca. 15 Min. bissfest garen. In ein Sieb schütten und unter kaltem Wasser abschrecken. 2 Die Tomaten waschen, halbieren und mit den Fingern die Kerne herauspulen, das Fruchtfleisch klein würfeln. Thymian abbrausen und trocken schütteln, die Blättchen abzupfen und grob hacken. Das Olivenöl mit Essig, Senf, Pfeffer und Salz zu einem Dressing verrühren. 3 Bohnen, Tomaten und Thymian in eine Schüssel geben. Das Dressing darübergießen und alles gut vermengen.

Zeitbedarf: *25 Min.* | **Das schmeckt dazu:** *Lammkoteletts und ein feiner Spätburgunder* | **Pro Portion:** *125 kcal*

FÜR 4 PERSONEN

ZUTATEN: 2 Salatgurken, 1 rote Paprikaschote, 150 g Rucola, 1–2 Stängel Dill, 1 Knoblauchzehe, 3 EL Olivenöl, 2 EL Weinessig, 1 TL körniger Senf, Salz, Pfeffer, 1 Prise Zucker

1 Salatgurken waschen und der Länge nach schälen, dabei in regelmäßigen Abständen immer einen Streifen Schale stehen lassen. Dann die Gurken längs halbieren und mit einem Löffel die Kerne herausschaben. Die Gurkenhälften quer in dünne Scheiben schneiden. 2 Die Paprikaschote längs halbieren, putzen, waschen und klein würfeln. Rucola waschen, trocken schleudern, große Blätter kleiner schneiden. Den Dill abbrausen und trocken schütteln, die Blättchen abzupfen. Alle vorbereiteten Zutaten in eine Schüssel geben. 3 Den Knoblauch schälen, durchpressen und mit den übrigen Zutaten zu einem Dressing verrühren. Zum Salat geben und alles gut vermischen.

Zeitbedarf: *20 Min.* | **Das schmeckt dazu:** *ich habe das mal zu Käsespätzle ausprobiert und war begeistert* | **Pro Portion:** *130 kcal*

WURZELGEMÜSE-SALAT

vitaminreicher Sattmacher

Eines der am meisten gehörten Argumente von den Vertretern der Fleischfraktion ist, das mit dem Gemüse sei ja gut und schön, bloß werde man davon nicht satt. Mit diesem Salat hier haben Sie den besten Gegenbeweis: Er ist frisch, er ist gesund – und er gibt ordentlich Energie. Wer danach wirklich noch Hunger hat, ist vermutlich steakabhängig.

Es passt (fast) alles, was Wurzeln hat

FÜR 4 PERSONEN

300 g Topinamburknollen
1 Bund Mairübchen
300 g junge Möhren
1 Bund Frühlingszwiebeln
Salz, 1 Bund Radieschen
100 g Feldsalat
2 Handvoll junger Blattspinat
1 kleines Bund Basilikum
je 2 EL Rotwein- und Estragonessig
2 Knoblauchzehen
6 EL Olivenöl
Pfeffer, 1 Prise Zucker

1 Topinamburknollen schälen, waschen und in einem Topf mit Wasser bedeckt in 10 Min. bissfest garen. Abgießen und ausdampfen lassen, grob würfeln.

2 Inzwischen die Rübchen schälen und in Schnitze schneiden. Möhren schälen und schräg in 3 – 4 cm lange Stücke schneiden. Frühlingszwiebeln waschen, putzen und ebenfalls schräg in 3 – 4 cm lange Stücke schneiden. Rübchen und Möhren 2 – 3 Min. in sprudelnd kochendem Salzwasser garen. Mit einem Schaumlöffel herausnehmen, abschrecken, abtropfen lassen. Jetzt im Kochwasser die Frühlingszwiebeln 1 Min. kochen und dann ebenfalls abschrecken

3 Radieschen waschen, putzen, in dünne Scheiben schneiden. Feldsalat und Spinat putzen, waschen und trocken schleudern. Die Basilikumblätter grob zerzupfen. Beide Essigsorten mischen, Knoblauch schälen und dazupressen. Olivenöl unter Rühren einlaufen lassen, Salz, Pfeffer und Zucker dazugeben. Alles mit der Gabel verquirlen.

4 Vorbereitete Gemüse und Radieschen in eine Schüssel geben und mit dem Dressing vermischen. Feldsalat, Spinat und Basilikum auf Teller verteilen und darauf das Wurzelgemüse anrichten.

Tipp: Schneller geht's, wenn man den Topinambur roh hobelt und untermischt.

Zeitbedarf: *40 Min.*
Das schmeckt dazu: *wer unbedingt Fleisch haben möchte – Lammkoteletts*
Pro Portion: *215 kcal*

GUT SO: DIE FARBEN
BLEIBEN ERHALTEN

RAN AN DEN SPECK!

FELDSALAT MIT DÖRRPFLAUMEN

volle Würze voraus

FÜR 4 PERSONEN
2 Schalotten
5 EL Essig, 6 EL Öl
Salz, Pfeffer
4 EL Preiselbeeren (aus dem Glas)
200 g Feldsalat
150 g Gorgonzola
10 Scheiben Frühstücksspeck
20 Dörrpflaumen (ohne Stein)
20 Salbeiblätter

1 Die Schalotten schälen und fein würfeln. Mit Essig, 3 EL Öl, Salz, Pfeffer und Preiselbeeren in ein Schraubglas geben, verschließen, gut durchschütteln. Feldsalat putzen, waschen und trocken schleudern. Den Gorgonzola mit den Fingern grob zerkrümeln oder mit dem Messer nicht zu klein würfeln.

2 Speckscheiben quer halbieren und darin jeweils 1 Pflaume und 1 Salbeiblatt fest einrollen. Bei Bedarf mit Zahnstochern fixieren. (Ist aber eigentlich nicht notwendig, da sich der Speck beim Braten schnell zusammenzieht.)

3 In einer Pfanne übriges Öl erhitzen und darin die Pflaumen braten, bis der Speck goldbraun und kross ist. Pfeffern, herausnehmen und auf Küchenpapier abtropfen lassen. (In einer beschichteten Pfanne braucht man kaum oder gar kein Öl.)

4 Das Dressing über den Feldsalat geben, vermischen. Salat auf Teller verteilen, mit den Speckpflaumen und dem Gorgonzola toppen.

Tipp: Anstatt der Dörrpflaumen eignen sich auch Datteln hervorragend für diesen Salat. Wer es beim Käse noch würziger mag, nimmt Roquefort oder den englischen Stilton.

Zeitbedarf: *35 Min.*
Das schmeckt dazu: *Baguette und einen Portwein oder eine Trockenbeerenauslese*
Pro Portion: *400 kcal*

GEDÜNSTETER ENDIVIENSALAT

verwegen kombiniert

FÜR 4 PERSONEN
1 Endiviensalat, 1 rote Zwiebel
50 g Walnüsse, 2 Mandarinen
1 EL Butter, 2 EL Orangensaft
Salz, Pfeffer
1 Prise frisch geriebene Muskatnuss
1 Prise Zucker

1 Den Endiviensalat putzen und in nicht zu dünne Streifen schneiden, waschen, trocken schleudern. Zwiebel schälen und fein würfeln, die Walnüsse grob hacken. Die Mandarinen schälen und in Spalten teilen.

2 In einer großen Pfanne Butter schmelzen und darin die Zwiebel andünsten. Endiviensalat dazugeben, den Deckel auflegen und den Salat 1 Min. dünsten. Mandarinenspalten dazugeben, Orangensaft angießen und alles kurz durchschwenken. Mit Salz, Pfeffer, Muskat und Zucker abschmecken.

3 Den Endiviensalat auf Teller verteilen und die Nüsse darüberstreuen. Gleich servieren!

Zeitbedarf: *15 Min.*
Das schmeckt dazu: *Schweinemedaillons oder auch Kartoffelpuffer*
Pro Portion: *140 kcal*

Kraut & Rüben und noch viel mehr

GEMÜSE

ALLES SO SCHÖN BUNT HIER! UND DAS NICHT NUR FARBLICH, SONDERN AUCH INHALTLICH: KOCHEN SIE SICH ABWECHSLUNGSREICH, BODENSTÄNDIG UND DOCH RAFFINIERT QUER DURCH DIE VIER JAHRESZEITEN. AUS VERTRAUTEN GEMÜSEN WERDEN NEUE REZEPTE, DIE SO MANCHE FRUCHT AUS IHRER ZUWEILEN ETWAS ANGESTAUBTEN ECKE HERAUSHOLEN.

SIEHT AUS WIE LAND, IST ABER STADT

3 FRAGEN ZUM GÄRTNERN

Harald Scholl aus München

URBAN GARDENING – IST DAS FEIGENBLATT, SELBSTVERWIRKLICHUNG ODER ZUKUNFTSWEG?
Letzteres vermutlich nicht, weil sich die Versorgungsanforderungen einer Großstadt so nicht lösen lassen. Aber Urban Gardening & Co. sind eine ideale Möglichkeit, um mehr Verständnis und Bewusstsein für das komplexe Thema »Ernährung« zu den Konsumenten zu bringen.

WIE SCHWIERIG IST ES, IN DEN STÄDTEN ENTSPRECHENDE FLÄCHEN ZU FINDEN?
Die Fensterbank und der Balkon etwa sind ideale Flächen dafür. Im Hof lässt sich in Blumentöpfen oder Pflanzkisten so mancher Kürbis züchten. In München ist es sogar möglich, die Flächen zwischen Gehweg und Straße zu nutzen. Vorausgesetzt die Hundehalter spielen mit …

UND AUSSERHALB DES EIGENEN WOHNRAUMS?
Es gibt bei uns Krautgärten, landwirtschaftlich nicht mehr genutzte Flächen, die die Stadt München an Vereine verpachtet hat. Oft hat es dort nicht einmal einen Wasseranschluss – Realbedingungen also. Außerdem gibt es Samen- oder Pflanzentauschaktionen, Pflanzkurse, Internetplattformen – und auch die leicht belächelten Schrebergärten öffnen sich für Neugärtner. Man braucht eben etwas Geduld und muss sich auf die Wartelisten schreiben. Aber die nächste Saison kommt ja schon bald …

DIE SCHREBERGÄRTNER 2.0

Werde Dein eigener Bauer!

Kein Obstbaum ist vor diesem Mann sicher. Und das ist gut so. Wann immer Harald Scholl während der Saison im Münchner Westen zu Fuß oder mit dem Fahrrad unterwegs ist, kommt er mit Beute nach Hause: Äpfel, Birnen, Quitten, Kirschen – aber nicht etwa stibitzt von den Bäumen rechtschaffener Kleingärtner, nein: der Journalist, Autor und Foodblogger (tellerschubser.de) liest, und zwar auf. An herrlich reifem, gerade vom Baum oder Strauch heruntergefallenem Obst kann er halt einfach nicht vorbeigehen. »Das sind ja wertvolle Lebensmittel«, sagt Scholl, »da kann ich wunderbar Marmelade oder Chutneys draus machen und muss die Grundzutaten nicht mal kaufen.« Öffentliche Bäume am Wegesrand und deren Erträge sind übrigens Allgemeingut.

ALLGEMEINGUT AM WEGESRAND

Gerade in den Städten hat sich in den vergangenen Jahren ein Wandel vollzogen im Blick auf das, was uns unser Essen wert sein und welche Qualität es haben sollte. Und vor allem: welche Herkunft. Was früher mal als Schrebergarten galt und als urdeutsch, piefig und gähnlangweilig von der intellektuellen Szene belächelt wurde, ist heute der letzte Trend und firmiert unter dem Begriff »Urban Gardening«. Betrieben von Menschen, die sich nicht länger damit abfinden wollen, was ihnen von der Nahrungsmittelindustrie und von den Multi-Konzernen vorgesetzt wird. Die kurze Wege vom Produzenten (also in diesem Fall von sich selber sogar) auf den Tisch toll finden. Und die begriffen haben, dass fast jeder etwas tun kann, wenn er nur will.

HÄNDE SCHMUTZIG MACHEN

Urban Gardening hat viele Facetten. Im Kreise einiger Freunde hatte sich etwa Harald Scholl um ein Stück Krume im Stadtteil Blumenau beworben. Hier pachtete die Stadt München das Land von einem Bauer und vergab es in 30-Quadratmeter-Portionen an Bürger zur Bewirtschaftung. Die Bedingungen: Keine Hütten drauf bauen, das Saatgut muss »bio« sein, es dürfen nur einjährige Pflanzen ausgebracht werden – und man muss sich wirklich drum kümmern. Scholl & Friends kommen inzwischen auf 120 Quadratmeter und ackern pro Jahr gut 250 Stunden für Salate, Radieschen, Erdbeeren, Kräuter, Kohlsorten oder Mangold. Wasser schleppen, Kompost anlegen und Einzäunungen in Ordnung halten inklusive.

BALKONIEN ZUM REINBEISSEN

Es werden laufend mehr Städte, die ihren Einwohnern solche Möglichkeiten bieten, und die Wartelisten auf die begehrten Parzellen werden immer länger. Weil aber nicht jeder sofort dran kommen kann und dies womöglich auch derart intensiv betreiben möchte, haben sich inzwischen vielerlei Spielarten herausgeschält, wie Gärtnern in der Stadt funktionieren kann.

EINZELN MIT STOLZ GEERNTET

Die einfachste Sache der Welt: der eigene Balkon als Anbaufläche. Die studierte Chemikerin und heutige Food-Netzwerkerin Peggy Schatz verwandelte schon vor Jahren ihren Berliner Balkon in einen ganz persönlichen Gemüsemarkt. »Eigentlich hat es recht spartanisch angefangen, doch es macht einfach Spaß, das alles wachsen zu sehen und in der Küche zu verwerten«, erzählt Schatz. Vor allem alte, fast in Vergessenheit geratene Sorten haben es ihr angetan. Zuletzt hat sie sich Saatgut (»Hybridkram kommt mir nicht ins Haus!«) besorgt für Schlangenbohnen, Mönchsbart, Stielmus, Spargelerbsen oder dicke Bohnen. Kräuter, Mangold und Chilis sind ohnehin Standard bei ihr – und Tomaten natürlich. Die hat sie jetzt als eine Art »Trenngitter« zum Nachbarn hochgezogen, der den natürlichen Sichtschutz auch prima findet.

WEINANBAU IN DER BUNDESHAUPTSTADT

Dass Urban Gardening nicht nur alleine auf Gemüse und Kräuter bezogen sein muss, zeigt ein weiteres Projekt aus Berlin. In einer etwas größeren Häuserlücke mitten in Kreuzberg, zwischen Yorckstraße und dem alten Flughafen Tempelhof, hat das Bezirksamt in den 1970er Jahren einige Rebzeilen mit Riesling und Spätburgunder anlegen lassen. Die heute 350 Stöcke werden von Daniel Mayer, einem studierten Weinbau-Ingenieur, bewirtschaftet. Die Trauben kommen nach der Lese nach Wiesbaden, wo sie zu Wein ausgebaut werden. Dieser wiederum wird bei offiziellen Anlässen des Bezirksamts Friedrichshain-Kreuzberg ausgeschenkt oder – weil Berlin kein Weinanbaugebiet ist und der Wein demnach nicht verkauft werden darf – gegen Spende in kleinen Flaschen abgegeben. Weinhändler Mayer informiert auf hauptstadtwinzer.de über »Neuet« und »Wat jeht« im kleinen Weinberg.

EIN NEUER TREND, DER BEREITS URALT IST

Sich in gewissem Maße selbst versorgen zu können hat, wenn man es genau betrachtet, auch mit zunehmender Verstädterung nie ganz aufgehört. Selbst vermeintliche Kleinigkeiten wie ein mehrere Tage dauernder Streik von Lastwagenfahrern oder eine Naturkatastrophe wie ein Erdbeben, ein Tsunami, ein Hurrikan können ja dafür sorgen, dass die Versorgung der Städter mit Lebensmitteln äußerst empfindlich getroffen wird. Drei Tage gelten dabei als kritischer Punkt, danach sind die Regale in den Läden in der Regel leer, Frischware sowieso bereits eher.

Bevor es gute Transportmittel gab, waren die Städte ohnehin darauf angewiesen, zumindest die empfindlichsten und die rasch verderblichen Waren innerhalb der eigenen Grenzen anzubauen. Es wurden dafür eigene Viertel ausgewiesen, deren Nutzung als Bebauungsfläche strengstens untersagt war – Obst und Gemüse genossen Vorrang. Heute mag sich das niemand mehr vorstellen können, doch noch vor rund 140 Jahren bestand ein Sechstel von Paris aus Äckern und Gärten. In Moskau und St. Petersburg bauen immer noch mehr als die Hälfte der Bürger einen Teil ihrer Lebensmittel im Eigenbau an. Bei uns dagegen besitzen die Laubenkolonien oft eher Freizeitcharakter, die Versorgung steht nicht mehr zwingend an erster Stelle.

GUT ZU WISSEN, WO ES HERKOMMT

Was treibt die Menschen bei uns an, sich trotz allen Überflusses selbst die Hände schmutzig zu machen, konsequent gießen zu müssen – und all das für ein bisschen Gemüse und ein paar Kräuter? Auf die Menge komme es nicht an, bekräftigt jeder, den ich dazu befragt habe. Es sind mal ein paar Weltverbesserer darunter, die darin ein Zeichen sehen, bäuerliche Strukturen mit ihren Mitteln zu erhalten. Der Großteil jedoch sind Leute, für die der Geschmack im Vordergrund steht. Da schmeckt eine Tomate so, wie man das als Kind auf dem Land bei der Oma kannte (das ist romantisch verklärt, klar), und da schnipple ich an meinem Rosmarin so penibel nur um die Spitzen herum, dass mir der Strauch auch garantiert das ganze Jahr hält. Und ich kann mich mal an Sorten wagen, die es eigentlich im Laden gar nicht mehr zu kaufen gibt. Schmeckt die eine Sorte Auberginen anders als die andere? Plötzlich taucht da ein ganz anderer Bezug zu Lebensmitteln und zum Kochen auf. Wenn man jetzt noch diesen unbändigen Faktor »Das habe ich selbst gezogen!« hinzuzählt, lautet die Frage eigentlich viel mehr, warum wir nicht alle anstatt Geranien und Begonien Gemüse vor den Fenstern haben.

KRAUTWICKEL MIT FISCHFÜLLUNG

ländlicher Klassiker, fein gemacht

Bei den einen heißen sie Krautwickel, bei den anderen Kohlrouladen, doch das Gericht ist überall in Deutschland beheimatet. Ob mit Fleisch, Wild, Fisch, Garnelen oder Gemüse gefüllt – eingewickelt werden darf, was gefällt. Unsere Variante stellt heimischen Fisch in den Vordergrund.

FÜR 4 PERSONEN

1 junger Spitzkohl (ca. 1 kg, alternativ Weißkohl), Salz
1½ kg Saiblingsfilets (ohne Gräten und ohne Haut, eiskalt aufbewahrt)
250 g eiskalte Sahne
2 Eiweiß, 4 – 5 Stängel Dill
100 g Forellenkaviar
Pfeffer
150 g durchwachsener Räucherspeck
1 Zwiebel, 1 – 2 Stängel Majoran
2 EL Butter
100 ml Fischfond
50 ml Weißwein

1. Von dem Kohlkopf die äußeren Blätter entfernen, dann den Strunk keilförmig herausschneiden. Einen großen Topf mit Salzwasser aufkochen, Kohl hineinsetzen und 1 – 2 Min. kochen lassen. Herausnehmen und 2 – 3 Blätter ablösen, ohne sie zu beschädigen. Die Blätter in kaltem Wasser abschrecken und die Mittelrippen flach schneiden (so lassen sich später die Blätter besser rollen). Den Kohl wieder kurz im Salzwasser kochen und weitere Blätter ablösen. Benötigt werden 8 Kohlblätter.

2. Ein Drittel der Fischfilets in grobe Stücke schneiden und in den Mixer einer Küchenmaschine füllen. Die eiskalte Sahne und Eiweiße ebenfalls dazugeben. Im Mixer in 4 – 5 Sek. daraus eine Farce pürieren.

3. Den Dill abbrausen und trocken schütteln, Blättchen von den Stängeln zupfen, fein hacken und zusammen mit dem Forellenkaviar unter die Farce mischen, salzen und pfeffern.

4. Restliche Saiblingsfilets in 8 gleich große Stücke schneiden. 1 Kohlblatt auf der Arbeitsfläche flach auslegen, trocken tupfen, 1 Klecks Farce daraufgeben und verstreichen. Darauf 1 Stück Fischfilet setzen und darauf wieder etwas Farce verteilen. Das Kohlblatt aufrollen, dabei die seitlichen Ränder nach innen einschlagen. Mit Küchengarn zusammenbinden. Mit allen Kohlblättern so verfahren.

5. Den Speck in kleine Würfel schneiden. Die Zwiebel schälen und ebenfalls würfeln. Den Majoran abbrausen und trocken schütteln, die Blättchen abzupfen und hacken.

6. In einer großen Pfanne mit Deckel (oder in einem weiten Topf) 1 EL Butter schmelzen und darin die Zwiebel andünsten, gefolgt vom Speck. Pfanneninhalt auf einen Teller geben. Die übrige Butter in der Pfanne schmelzen und darin die Krautwickel rundherum anbraten, sodass der Kohl Farbe bekommt.

7. Zwiebel und Speck kommen nun zurück in die Pfanne. Fond und Wein angießen, kurz einkochen lassen. Mit Majoran, Salz und Pfeffer würzen. Deckel auflegen und die Rouladen bei mittlerer Hitze in ca. 20 Min. gar schmoren.

Die Farce darf ruhig würzig sein

Tipp: Wer's lieber mit Fleischfüllung mag – aus Hackfleisch, Speck, Zwiebeln, Salz, Pfeffer und Kräutern wird eine kräftig gewürzte Masse hergestellt und in die Blätter gefüllt.

Zeitbedarf: *1 Std. 10 Min., Garzeit: 20 Min.*
Das schmeckt dazu: *Kartoffelstampf (also nur grob zerstampfte Kartoffeln, verfeinert mit etwas Petersilie) und ein leicht herbes Bier*
Pro Portion: *770 kcal*

DAS LÄSST MAN SICH
GEFALLEN, ODER?

ROSENKOHL VERTREIBT DEN
WINTERBLUES PERFEKT

GEBRATENER ROSENKOHL

fruchtig mit Biss

FÜR 4 PERSONEN
1 kg Rosenkohl, Salz
4 Zwetschgen (auch fein: rote Pflaumen)
50 g durchwachsener Räucherspeck
1 EL Butter
50 g Rosinen
2 EL Mandelblättchen
Pfeffer
1 Schuss Weißwein

1. Beim Rosenkohl jeweils das Strunkende abschneiden und die äußeren Blätter entfernen, sodass die Köpfchen ein schönes frisches Grün zeigen. Den Strunk mit einem Messer kreuzweise einritzen. Den Rosenkohl nun möglichst schonend bissfest garen – am besten im Dampfgarer (ca. 20 Min.), ansonsten bei mittlerer Hitze in Salzwasser kochen.

2. Währenddessen die Zwetschgen waschen, halbieren, entkernen und klein würfeln. Beim Speck eventuell vorhandene Knorpel entfernen, dann ebenfalls würfeln.

3. Den Rosenkohl unter kaltem Wasser kurz abschrecken und abtropfen lassen. Die Köpfchen der Länge nach halbieren.

4. In einer großen Pfanne Butter schmelzen, darin den Speck anbraten. Rosenkohl dazugeben, gefolgt von den Zwetschgen, Rosinen und Mandeln. Alles kurz mitbraten, dann mit Pfeffer und Salz abschmecken, Wein angießen und 1 – 2 Min. einziehen lassen. Fertig!

Tipp: Modernen Rosenkohlvarianten wurden viele der Bitterstoffe weggezüchtet. Zudem wird das Gemüse heute nicht mehr totgegart. Beides macht ihn bekömmlicher und vielfältiger einsetzbar.

Zeitbedarf: *40 Min.*
Das schmeckt dazu: *gegrillte Schweinelende oder einfach nur Reis*
Pro Portion: *250 kcal*

KASTANIEN-GEMÜSE

wie in der Pfalz

FÜR 4 PERSONEN
400 g Esskastanien (Maronen, vorgegart und tiefgekühlt oder vakuumverpackt)
1 EL Butter, 1 EL Mehl
50 ml Hühnerbrühe
100 ml Milch, Salz, Pfeffer
frisch geriebene Muskatnuss
Saft von ½ Zitrone

1. Die Kastanien mit etwas heißem Wasser in einen Topf geben und bei geringer Hitze ganz sanft erwärmen, dann abgießen.

2. Inzwischen in einem zweiten Topf Butter schmelzen. Das Mehl unter ständigem Rühren mit einem Schneebesen dazugeben und andünsten. Mit der Brühe und Milch ablöschen und die Hitze ein wenig hochfahren, ohne die Sauce zum Kochen zu bringen.

3. Die Kastanien in die Sauce geben und darin ca. 10 Min. leise simmern lassen. Mit Salz, Pfeffer und Muskat abschmecken. Kurz vor dem Servieren mit dem Zitronensaft beträufeln.

Zeitbedarf: *20 Min.*
Das schmeckt dazu: *Wildgerichte*
Pro Portion: *220 kcal*

SAUERKRAUT

reicht für den ganzen Winter

Salz und Druck – das sind die beiden Hauptzutaten, die aus Weißkohl Sauerkraut machen. Einmal probiert, werden Sie Ihr eigenes Sauerkraut jedes Jahr erneut wie einen Schatz ansetzen und voller Stolz zum Essen präsentieren. Ein kleiner Steinguttopf mit Sauerkraut ergibt auch ein tolles kulinarisches Geschenk

1 Den Steinguttopf (oder auch einen Tontopf) gründlich mit heißem Wasser ausspülen und an der Luft trocknen lassen, nicht mit einem Küchentuch und mit Küchenpapier abreiben. Von den Weißkohlköpfen die äußeren Blätter entfernen. Die Köpfe jeweils durch den Strunk vierteln und den groben Strunk herausschneiden.

FÜR 1 STEINGUTTOPF (CA. 7 L)

5–6 Köpfe Weißkohl (ca. 7 kg)
ca. 120 g Salz (einfaches Haushaltssalz oder gerne auch Meersalz)
1 Handvoll Wacholderbeeren (nach Belieben ganz leicht angequetscht)

2 Nach und nach mit einem großen Messer oder – besser noch – mit einem Hobel oder einer Mandoline das Kraut fein schneiden bzw. hobeln und gleich in einer großen Schüssel sammeln. Ist diese gut gefüllt, die entsprechende Menge Salz dazugeben: pro kg Kraut 15 – 18 g Salz. Dann das Weißkraut mit den Händen kräftig durchwalken, um die Zellwände aufzubrechen.

3 Jede Krautportion in den Topf füllen und – mit starkem Druck – in Richtung Topfboden pressen, damit sich Brühe bildet. Auf jede Lage einige Wacholderbeeren streuen. Ist alles Kraut im Topf, nochmals kräftig hineindrücken. Es sollte nun gut 2 cm Brühe über dem Kraut stehen

4 Den Deckel auf den Topf legen. Üblicherweise haben die Steinguttöpfe eine Umrandung, in die der Deckel sich gut einfügt. In diese Umrandung füllt man nun eine Salzlake (½ l Wasser mit 30 g Salz), was die Entstehung von Keimen unterbindet.

5 Zunächst lässt man für die Angärung den Topf 2 – 3 Wochen in einem nicht zu warmen Raum stehen (18 – 20 °C); danach wandert er in den kühlen Keller, wo das Sauerkraut weitere 2 – 3 Wochen reift. Danach ist es bereits gebrauchsfertig und kann über Monate hinweg genutzt werden. Ein absoluter Vitamin-C-Spender!

SPARGEL MIT HOLLANDAISE

Low Carb im Frühling

FÜR 4 PERSONEN
750 g weißer Spargel
750 g grüner Spargel
Salz, 2 Prisen Zucker
1 EL Essig
150 g Butter, Pfeffer
1 EL Butterschmalz
4 Hähnchenbrustfilets (je 200 g)
6 EL trockener Weißwein
1 kleines Bund Petersilie
4 Eigelb
1 EL Zitronensaft

1 Den Backofen auf 80° vorheizen. Den weißen Spargel ganz, den grünen nur im unteren Drittel schälen, Enden abschneiden. Den weißen Spargel in einem Topf in siedendem Salzwasser mit 1 Prise Zucker und dem Essig in 16–20 Min. (je nach Stangendicke) bissfest garen, dann auf einer Platte im Ofen warm stellen.

2 In einer Pfanne 1 EL Butter schmelzen und darin den grünen Spargel bei geringer Hitze in ca. 5 Min. bissfest braten. Mit Salz und Pfeffer würzen. Grüne Spargelstangen ebenfalls im Ofen warm halten.

3 In der Pfanne das Schmalz zerlassen, darin die Hähnchenfilets von beiden Seiten in ca. 8 Min. gar und goldbraun braten. Salzen, pfeffern, im Ofen warm stellen. Den Bratansatz mit 3 EL Wein lösen und über die Brüstchen gießen. Petersilie abbrausen und trocken schütteln, die Blättchen abzupfen und hacken – sie kommen am Ende über die Brüstchen.

4 Für die Hollandaise die übrige Butter schmelzen. In einer Schlagschüssel Eigelbe mit übrigem Wein, 1 Prise Salz und restlichem Zucker verrühren. Über dem Wasserbad mit einem Schneebesen dickschaumig aufschlagen. Dabei zum Schluss langsam die Butter einfließen lassen. Mit Salz, Zitronensaft und Pfeffer würzen. Alles zusammen anrichten.

Zeitbedarf: *40 Min.*
Das schmeckt dazu: *Pellkartoffeln*
Pro Portion: *605 kcal*

PFIFFERLING-GRATIN

schnell gemacht

FÜR 4 PERSONEN
2 Schalotten, 2 Knoblauchzehen
400 g Pfifferlinge
200 g junge, zarte Brennnesselblätter
200 g junger Blattspinat
2 EL Butter, Pfeffer, 100 g Sahne
100 ml Milch, 2 Eier, Salz
frisch geriebene Muskatnuss
80 g geriebener Parmesan

1 Backofen auf 200° vorheizen. Schalotten und Knoblauch schälen und fein hacken. Die Pfifferlinge putzen, allerdings nicht waschen, sondern nur mit einem Pinsel oder mit einem feuchten Küchenpapier abreiben.

2 Die Brennnesseln auf der Arbeitsfläche auslegen (dazu am besten Einmalhandschuhe anziehen) und mit dem Nudelholz darüberrollen – dadurch werden die Nesseln zerstört und das Kraut brennt nicht mehr. Alle harten Stiele entfernen. Brennnesseln und Spinat waschen und trocken schleudern, danach grob hacken.

3 In einer großen Pfanne 1 EL Butter schmelzen. Darin die Schalotten andünsten, ohne sie Farbe nehmen zu lassen. Knoblauch dazugeben und auch gleich die Pfifferlinge folgen lassen. Alles 3–4 Min. unter Rühren dünsten, Brennnesseln und Spinat untermengen, pfeffern.

4 Eine flache Auflaufform mit der restlichen Butter einfetten, den Pfanneninhalt einfüllen. In einem kleinen Topf die Sahne und Milch erhitzen, Eier unterrühren, mit Salz, Pfeffer und Muskat würzen. Die Sauce über die Pilzmischung gießen, mit Parmesan bestreuen und im Ofen (Mitte) ca. 15 Min. backen, bis die Oberfläche eine schöne Kruste zeigt.

Tipp: Falls Sie keine Brennnesseln bekommen, passt auch Rucola geschmacklich sehr gut.

Zeitbedarf: *25 Min., Backzeit: 15 Min.*
Das schmeckt dazu: *langsam in Olivenöl und Butter gebratene Lammfilets*
Pro Portion: *290 kcal*

1 SELLERIESTICKS MIT SESAM

DAS WICHTIGSTE UTENSIL HIER: DER APFELAUSSTECHER – MACHT TOLLE STICKS!

2 KOHLRABIWÜRFEL IN KRÄUTERSAHNE

GEWUSST WIE – NICHT NUR ROH, AUCH GEGART SCHMECKT KOHLRABI SAFTIG-FRISCH

3 GEGRILLTER MANGOLD

ÜBERRASCHEND NEU UND LEICHT GEMACHT – DIESES GEMÜSE MAL VOM GRILL

4 ERBSENPÜREE MIT MINZE

DA KANN KEINER MEHR SAGEN, ERBSEN SEIEN LANGWEILIG …

FÜR 4 PERSONEN

ZUTATEN: 1 kleine Knolle Sellerie (ca. 400 g), 2 EL Öl, 4 EL Sesamsamen

1 Den Sellerie waschen und ungeschält im Ganzen in einem großen Topf mit ausreichend Wasser und 1 EL Öl offen gar kochen, was 35 – 45 Min. dauert. Sellerie herausheben, unter kaltem Wasser abschrecken und auskühlen lassen. 2 Nun den Sellerie schälen. Mit einem Kerngehäuseausstecher vorsichtig möglichst viele lange, runde Stäbe ausstechen (ersatzweise den Sellerie in Scheiben und danach in Stifte schneiden). 3 Auf einem Teller die Sesamsamen ausstreuen und die Selleriesticks darin wälzen. In einer Pfanne das restliche Öl erhitzen und die Selleriesticks darin rundherum goldbraun braten.

Zeitbedarf: *15 Min., Kochzeit: 45 Min.* | **Das schmeckt dazu:** *Sonntagsbraten* | **Pro Portion:** *115 kcal*

FÜR 4 PERSONEN

ZUTATEN: 3 kleine Kohlrabi (ca. 600 g), 200 g Sahne, 100 ml Weißwein, 3 – 4 Stängel Dill, 1 kleines Bund Petersilie, Salz, Pfeffer, 1 – 2 Prisen Zucker, 1 EL Essig

1 Das Kohlrabigrün abschneiden und beiseitelegen. Die Kohlrabi schälen und in 1 ½–2 cm große Würfel schneiden. Sahne und Wein in einem Topf aufkochen. Bei geschlossenem Deckel so lange kochen, bis die Würfel bissfest sind, was ca. 15 Min. dauern dürfte. 2 Mit einem Schaumlöffel das Gemüse aus dem Sud holen und warm stellen. Die Sauce etwas einkochen lassen. 3 Die Kräuter mit einigen Kohlrabiblättern abbrausen, trocken schütteln, hacken und am Ende zur Sauce geben. Mit Salz, Pfeffer, Zucker und Essig abschmecken. 4 Die Kohlrabiwürfel in die Sauce geben, wieder heiß werden lassen und servieren.

Zeitbedarf: *25 Min.* | **Das schmeckt dazu:** *Rehmedaillons, begleitet von einem Chardonnay aus dem Barrique* | **Pro Portion:** *200 kcal*

FÜR 4 PERSONEN

ZUTATEN: 1 Staude Mangold (ca. 700 g), 1 Bio-Orange, grobes Salz, Pfeffer, 2 – 3 EL Olivenöl

1 Den Mangold waschen, putzen, längs halbieren und die Hälften mit den Schnittflächen nach oben auf eine Platte legen. Orange waschen, von der Schale mit einem Zestenreißer feine Streifen abziehen und grob hacken. Saft auspressen. 2 Die Schnittflächen des Mangolds mit Orangensaft einpinseln, die Orangenschale darüberstreuen, salzen und pfeffern, 15 – 30 Min. marinieren lassen. 3 Die Mangoldhälften mit den Schnittflächen nach oben bei indirekter Hitze (also nicht direkt über der Glut und mit Deckel) und ca. 200° auf den Grill legen und angrillen. Nach ca. 3 Min. wenden und die andere Seite grillen. Nach insgesamt 7 – 8 Min. ist der Mangold gar. Die Hälften vorm Servieren nochmals längs halbieren.

Zeitbedarf: *20 Min., Marinierzeit: 30 Min.* | **Das schmeckt dazu:** *Rumpsteak vom Grill* | **Pro Portion:** *85 kcal*

FÜR 4 PERSONEN

ZUTATEN: 1 Knoblauchzehe, 1 großer Stängel Minze, 1 TL Butter, 450 g TK-Erbsen, 100 ml Gemüsebrühe, 2 EL Schmand, Salz, Pfeffer, 1 – 2 TL Zitronensaft

1 Den Knoblauch schälen und fein hacken. Die Minze abbrausen und trocken schütteln, die Blättchen abzupfen und ebenfalls fein hacken. In einem Topf die Butter schmelzen und darin den Knoblauch bei mittlerer Hitze 2 Min. dünsten. 2 Dann die noch gefrorenen Erbsen hinzufügen. Die Gemüsebrühe angießen und alles ca. 5 Min. köcheln lassen. 3 Die Erbsen mit dem Stabmixer nicht zu fein pürieren, den Schmand und die Minze unterheben. Mit Salz, Pfeffer und Zitronensaft abschmecken.

Zeitbedarf: *15 Min.* | **Das schmeckt dazu:** *Lammlachse, Ofenkartoffeln und ein Lemberger aus dem Holzfass* | **Pro Portion:** *125 kcal*

SCHMECKT HEISS, WARM
ODER AUCH KALT

TOMATEN-LAUCH-TARTE

perfekt als Vorspeise

FÜR 6 PERSONEN
200 g Mehl, Salz, 6 Eier
120 g kalte Butter + etwas mehr zum Einfetten der Form
400 g Lauch
200 g Kirschtomaten
100 g Zucchini
250 g Crème fraîche, Pfeffer
frisch geriebene Muskatnuss
getrocknete Chiliflocken

1 Backofen auf 180° vorheizen, eine Tarteform (28 cm Ø) einfetten. Mehl mit ½ TL Salz mischen und auf die Arbeitsfläche häufen. In die Mitte eine Mulde drücken, 1 Ei hineingeben. Butter in kleine Flöckchen schneiden und am Rand verteilen. Mit einem Teigschaber die Teigzutaten zuerst durchhacken, dann mit den Händen kurz durchkneten.

2 Den Teig mit einem Nudelholz ausrollen und die Form damit auslegen, dabei einen Rand hochdrücken. Form ins untere Drittel des Ofens schieben und den Teig 10 Min. vorbacken. Herausnehmen, kurz abkühlen lassen.

3 Den Lauch der Länge nach einschneiden, putzen, waschen, in feine Streifen schneiden. Die Zucchini waschen, putzen, längs halbieren und in dünne Scheiben schneiden. Die Tomaten waschen und halbieren.

4 Den Lauch und den Zucchino auf dem Teigboden verteilen. Die Crème fraîche mit den restlichen Eiern verquirlen und mit Salz, Pfeffer, Muskat und Chili würzen. Den Guss auf das Gemüse gießen, die Tomatenhälften mit den Schnittflächen nach oben darauf verteilen. Die Tarte im Ofen in weiteren 40 Min. fertig backen.

Zeitbedarf: *30 Min., Backzeit: 50 Min.*
Das schmeckt dazu: *ein würziger Salat, z.B. mit Avocado und Rettichscheiben*
Pro Portion: *520 kcal*

FRANKFURTER GRÜNE SAUCE

Sommerfrische ist da!

FÜR 4 PERSONEN
300 g Grüne-Sauce-Kräuter (Pimpinelle, Petersilie, Kresse, Schnittlauch, Borretsch, Kerbel, Sauerampfer)
250 g saure Sahne
250 g Naturjoghurt
2 hart gekochte Eier, 1 EL Senf
Salz, Pfeffer

1 Kräuter abbrausen und trocken schleudern, Blätter abzupfen. Mit Sahne und Joghurt in der Küchenmaschine fein pürieren.

2 Die Eier schälen, klein schneiden und mit dem Senf unter die Sauce rühren. Mit Salz und Pfeffer abschmecken.

»Grie Soß« ist zum Markenzeichen der Hessenmetropole geworden – und zum Exportschlager. Nahezu überall in Deutschland bekommt man im Sommer auf den Märkten den fertig zusammengestellten Kräuter-Mix.

Zeitbedarf: *10 Min.*
Das schmeckt dazu: *hart gekochte Eier und Pellkartoffeln, aber auch rohe Gemüsesticks, kalter Braten, Roastbeef, Grillhähnchen, ...*
Pro Portion: *250 kcal*

MANGOLD-BRATLINGE

perfekt mit Minzejoghurt

FÜR 4 PERSONEN

500 g mehligkochende Kartoffeln
Salz, 2 Knoblauchzehen
500 g Mangold, 4 EL Öl
2 Eier, Pfeffer
1 TL gemahlener Kümmel
1 TL rosenscharfes Paprikapulver
5 – 6 EL Semmelbrösel
1 kleines Bund Minze
1 Bio-Limette, 200 g Naturjoghurt

1 Die Kartoffeln schälen, waschen, grob würfeln und knapp mit Salzwasser bedeckt oder im Dampf ca. 15 Min. garen, dann abgießen. Knoblauch schälen und fein hacken. Den Mangold putzen und waschen, die Stiele fein hacken, Blätter in feine Streifen schneiden.

2 In einer Pfanne 1 EL Öl erhitzen und darin den Knoblauch andünsten, Mangoldstiele dazugeben und die Hitze reduzieren. Nach 2 Min. die Mangoldblätter einstreuen, dann Kartoffeln dazugeben und alles unter Rühren 5 Min. dünsten. Vom Herd nehmen und die Mischung mit einem Kartoffelstampfer zerdrücken. Eier, Gewürze und die Semmelbrösel untermischen, sodass eine formbare Masse entsteht. Daraus 12 gleich große Bratlinge formen.

3 Die Minze abbrausen und trocken schütteln, Blättchen von den Stängeln zupfen und fein hacken. Die Limette waschen, die Schale abreiben, den Saft auspressen. Die Minze mit Limettensaft und -schale unter den Joghurt rühren, mit Salz und Pfeffer würzen.

4 In der Pfanne übriges Öl erhitzen. Darin die Bratlinge bei mittlerer Hitze von jeder Seite in 4 – 5 Min. goldbraun braten. Mit dem Minzejoghurt als Vorspeise servieren.

Zeitbedarf: *1 Std. 10 Min.*
Das schmeckt dazu: *ein bunter sommerlicher Blattsalat, außerdem eine kräftige trockene Riesling Spätlese*
Pro Portion: *280 kcal*

BLUMENKOHL-WALNUSS-SALAT

feine Vorspeise

FÜR 4 PERSONEN

1 Blumenkohl (ca. 1 kg), Salz
70 g Walnüsse
2 Scheiben Weißbrot
1 Knoblauchzehe, 2 Bio-Zitronen
2 EL Olivenöl, Pfeffer
½ Dose Zuckermais (150 g)
1 Handvoll Petersilienblättchen

1 Blumenkohl in Röschen teilen, waschen. Röschen in kochendem Salzwasser in 2 – 3 Min. bissfest garen, abgießen, abschrecken.

2 Einige Nüsse grob, den Rest fein hacken. Brot kurz in lauwarmem Wasser einweichen, dann ausdrücken und fein zerrupfen. Knoblauch schälen, fein hacken. Zitronen waschen, Schale fein abreiben, Saft auspressen. Fein gehackte Nüsse, Brot, Knoblauch, Öl und Zitronenschale zu einem dickflüssigen Dressing verschlagen, salzen, pfeffern.

3 Mais abtropfen lassen, zum Kohl geben, mit Dressing vermischen. Petersilie hacken, mit den übrigen Walnüssen über den Salat streuen.

Zeitbedarf: *35 Min.*
Das schmeckt dazu: *ein Glas Sekt*
Pro Portion: *260 kcal*

MANGOLD IST JA SCHON
PER SE ECHT GUT ...

LINSENGEMÜSE

mit Pflaumen kombiniert

FÜR 4 PERSONEN
500 g Tellerlinsen
150 g Räucherspeck
2 Möhren
2 Petersilienwurzeln
200 g rote Zwiebeln
1 Stange Lauch
100 g Dörrpflaumen (ohne Stein)
150 ml Weißwein
150 ml Gemüsebrühe
Salz, Pfeffer
1 TL gemahlener Kümmel
1 TL mittelscharfer Senf
3 EL Aceto balsamico
4–5 Stängel Petersilie

1 Die Linsen über Nacht in 2 l Wasser einweichen, dann das Wasser abgießen.

2 Den Speck ohne Schwarte in kleine Würfel schneiden. Möhren, Petersilienwurzeln und Zwiebeln schälen und klein würfeln. Den Lauch längs einschneiden, putzen, waschen, in dünne Ringe schneiden. Pflaumen in kleine Stücke schneiden.

3 In einem Topf den Speck bei geringer Hitze langsam auslassen. Speck mit einem Schaumlöffel herausheben und auf Küchenpapier abtropfen lassen. Gemüse ins Speckfett geben und 2–3 Min. bei mittlerer Hitze anbraten. Linsen dazugeben und unter Rühren 1–2 Min. mitschmoren, mit Weißwein und Brühe ablöschen. Mit Salz, Pfeffer, Kümmel und Senf würzen.

4 Deckel schräg auflegen, sodass Dampf entweichen kann. Ab und an umrühren. Nach. 30 Min. Pflaumen dazugeben, nach weiteren 10 Min. den gebratenen Speck. Nun alles in 10 Min. fertig schmoren.

5 Die Linsen mit Essig, Salz und Pfeffer abschmecken. Petersilie abbrausen und trocken schütteln, die Blättchen abzupfen, hacken und aufs Linsengemüse streuen

Zeitbedarf: *20 Min., Einweichzeit: 12 Std., Garzeit: 50 Min.*
Das schmeckt dazu: *definitiv Spätzle*
Pro Portion: *545 kcal*

MÖHREN-KÜRBIS-PUFFER

fruchtig und saftig

FÜR 6 PERSONEN
500 g Hokkaido-Kürbis
250 g Möhren
1 TL Salz, 2 Eier
100 g Roggenmehl (Type 1150) oder Dinkelmehl (Type 630)
1 TL gemahlener Kümmel
frisch geriebene Muskatnuss
Pfeffer
2 EL Öl

1 Den Kürbis waschen, putzen und von den Kernen befreien, die Möhren schälen. Beides auf einer mittelfeinen Reibe raspeln. Das Salz darüberstreuen und das Gemüse 15 Min. ziehen lassen, damit Feuchtigkeit entzogen wird. Diese dann abschütten.

2 Restliche Zutaten (bis auf das Öl) zu den Gemüseraspeln geben und alles gut vermischen, am besten mit den Knethaken des Handrührgeräts. Abschmecken und aus der Masse kleine Puffer formen. Den Backofen auf 80° vorheizen.

3 In einer großen beschichteten Pfanne das Öl erhitzen. Darin nach und nach die Puffer von jeder Seite in 4–5 Min. goldbraun braten. Gebratene Puffer im Ofen auf einem mit Butterbrotpapier ausgelegten Blech warm halten.

Tipp: Selbstverständlich gelingt dieses Gericht auch mit anderen, zu schälenden Kürbissorten wie etwa dem Butternut. Gerade der Umstand jedoch, dass man die Schale beim Hokkaido mitessen kann, macht hier den gewissen »Knack« – sowohl in der Optik als auch im Biss. Mit dem Gelben Zentner werden die Puffer sehr mild, Muskatkürbisse bringen noch etwas mehr Säure ins Spiel.

Zeitbedarf: *30 Min., Ruhezeit: 15 Min.*
Das schmeckt dazu: *ein bunter, knackiger Salat und ein im Holzfass gereifter weißer Burgunder oder Chardonnay – beide vertragen das Salatdressing und kombinieren die Puffer mit schönem Schmelz*
Pro Portion: *135 kcal*

MAL EINE ANDERE
IDEE FÜR DEN HERBST

GEMÜSECHIPS MIT DIPS

Knabbern? Aber ja doch! Und zwar selbst gemachte Gemüsechips

1. ## QUARK-JOGHURT-DIP

   EIN RUSTIKALER DIP, DER SICH SCHNELL VARIIEREN LÄSST

2. ## GURKE-MINZE-DIP

   FRISCHE AN DIE CHIPS! HIER KÖNNTE DAS KNABBERN EWIG WEITERGEHEN …

3. ## KÄSE-APRIKOSEN-DIP

   FÜR DIE FRAKTION DER FRUCHT-FREUNDE, GINGE GLATT AUCH ALS BROTAUFSTRICH DURCH

FÜR 4 PERSONEN

ZUTATEN: 300 g Wurzelgemüse (z. B. Sellerie, Kohlrabi, Rote Beten und / oder Petersilienwurzeln), 3 EL Öl, Salz, 1 TL edelsüßes oder rosenscharfes Paprikapulver

1 Backofen auf 190° vorheizen. Gemüse schälen und in sehr feine Scheiben hobeln (am besten mit einem Trüffelhobel). 2 Das Öl in eine Schüssel geben, leicht salzen. Nun die Gemüse nach und nach im Öl wenden, die Roten Beten wegen der Farbe zum Schluss. 3 Ein Backblech mit Backpapier auslegen und darauf die Gemüsescheiben verteilen. Im Ofen (Mitte) schön kross backen: Sellerie braucht ca. 20 Min., Rote Bete fast doppelt so lange. Also lieber in mehreren Ladungen backen. Fertige Chips aus dem Ofen holen, auf Küchenpapier abtropfen lassen, salzen und mit Paprika bestäuben. (Alternativ die Gemüsescheiben im Topf in sehr heißem Öl in ca. 2 Min. knusprig frittieren.)

Zeitbedarf: *15 Min., Backzeit: 20 – 40 Min.* | **Das schmeckt dazu:** *erfrischende Dips* | **Pro Portion:** *90 kcal*

FÜR 4 PERSONEN

ZUTATEN: 200 g (Mager-)Quark, 100 g Naturjoghurt (1,5 % Fett), 1 Schalotte, 1 Knoblauchzehe, 10 – 12 Basilikumblätter, 2 TL Kümmel (ganz oder gemahlen), 1 EL Honig, Salz, Pfeffer, 1 TL edelsüßes Paprikapulver

1 Den Quark und Joghurt in eine Schüssel füllen und mit einer Gabel glatt verrühren. Schalotte und Knoblauch schälen und fein würfeln. Basilikum hacken. 2 Schalotte, Knoblauch und Basilikum zum Quark geben. Kümmel und Honig untermischen und mit Salz, Pfeffer und Paprika abschmecken. Tipp: Dieser Dip lässt sich toll variieren in Süße (Honig), Schärfe (Chili oder Rosenpaprika) und Üppigkeit (Fettgehalt von Quark und Joghurt), muss also keineswegs schwer ausfallen. Und mit Zitronensaft lässt er sich prima auffrischen.

Zeitbedarf: *5 Min.* | **Das schmeckt dazu:** *etwas dickere Rote-Bete-, aber auch Petersilienwurzel- und Selleriechips* | **Pro Portion:** *65 kcal*

FÜR 4 PERSONEN

ZUTATEN: 250 g Naturjoghurt, 1 Bio-Zitrone, 1 Knoblauchzehe, ⅓ Salatgurke, 4 Stängel Minze, Salz, Pfeffer

1 Den Joghurt in einer Schüssel mit einer Gabel glatt verrühren. 2 Zitrone waschen, mit einem Zestenreißer die Schale abziehen und fein hacken. Den Saft auspressen. Die Knoblauchzehe schälen und fein hacken. Die Salatgurke schälen, längs halbieren und die Kerne mit einem Löffel herauskratzen. Das Fruchtfleisch fein schneiden oder raspeln. Die Minze abbrausen und trocken schütteln, die Blättchen von den Stängeln zupfen und fein hacken. 3 Alles zum Joghurt geben, gut vermischen und mit Salz und Pfeffer abschmecken.

Zeitbedarf: *10 Min.* | **Das schmeckt dazu:** *am besten Selleriechips, aber auch mal Nachos oder Kartoffelchips* | **Pro Portion:** *50 kcal*

FÜR 4 PERSONEN

ZUTATEN: 200 g Ziegenfrischkäse, 4 – 5 EL Sahne, 1 Schalotte, 1 Knoblauchzehe, 4 – 5 getrocknete Aprikosen, ½ Bio-Orange, 1 EL Honig, Salz, Pfeffer

1 Frischkäse in einer Schüssel mit einer Gabel zerdrücken. Sahne unterrühren, sodass eine geschmeidige Paste entsteht. 2 Schalotte und Knoblauch schälen und sehr fein würfeln. Die Aprikosen sehr fein hacken. Orange waschen, mit einem Zestenreißer die Schale abziehen und fein hacken. 3 Schalotte, Knoblauch, Aprikosen, Honig und Orangenschale mit dem Ziegenkäse mischen, mit Salz und Pfeffer abschmecken. Tipp: Als Varianten können Kräuter wie Thymian oder Basilikum untergemischt werden.

Zeitbedarf: *10 Min.* | **Das schmeckt dazu:** *Möhrenchips, die haben auch eine schöne süße Komponente* | **Pro Portion:** *245 kcal*

Kartoffeln, Nudeln & Co., immer leckere

SATT-MACHER

WENN IN 3.000 JAHREN JEMAND FRAGEN SOLLTE, WAS DENN TYPISCH GEWESEN SEI FÜR DIE DEUTSCHE KÜCHE, WIRD ER VIELLEICHT ALS ERSTES AUF KARTOFFELGERICHTE UND SPÄTZLE STOSSEN – DEUTSCHER GEHT'S KAUM. WAS SIE AUS DEN TOLLEN KNOLLEN UND AUCH AUS DIVERSEN TEIGEN SO ALLES MACHEN KÖNNEN, ZEIGEN WIR IHNEN HIER.

HIMMEL UND ERDE

aus beiden Welten

FÜR 4 PERSONEN
800 g mehligkochende Kartoffeln
Salz
700 g Äpfel (z. B. Elstar oder Jonagold)
2 EL Butter
200 ml Milch
frisch geriebene Muskatnuss
Pfeffer, 1 Zwiebel
2 Blutwürste (geräucherte oder feste frische)
1 EL Butterschmalz

1 Kartoffeln waschen und in kochendem Salzwasser in 20–25 Min. weich garen. Äpfel schälen, das Kerngehäuse entfernen und die Früchte nicht zu klein würfeln. In einer Pfanne 1 EL Butter schmelzen und darin die Äpfel kurz andünsten. Deckel auflegen und die Äpfel bei geringer Hitze in 2 Min. sehr weich dünsten.

2 Milch erwärmen. Die gegarten Kartoffeln abgießen, kurz ausdampfen lassen, pellen und mit dem Stampfer oder durch eine Presse zu Brei drücken. Restliche Butter und die Milch dazugeben, mit Salz, Muskat und Pfeffer würzen und alles gut vermengen. Warm stellen.

3 Zwiebel schälen und in dünne Ringe schneiden. Die Blutwürste enthäuten und in Scheiben schneiden. In einer Pfanne das Butterschmalz schmelzen und darin die Zwiebel goldbraun anrösten. An den Rand schieben, die Blutwurstscheiben einlegen und von beiden Seiten kurz anbraten (2 Min.). Zwiebel und Wurst aus der Pfanne nehmen und auf Küchenpapier abtropfen lassen.

4 Kartoffelbrei und Apfelwürfel mischen, auf Teller verteilen und mit der Zwiebel und den Blutwürsten belegen.

Tipp: Wer es noch herzhafter mag, brät mit der Zwiebel noch Speckwürfel an.

Zeitbedarf: *35 Min.*
Das schmeckt dazu: *Apfelmost*
Pro Portion: *380 kcal*

BRAT-KARTOFFELN

so gelingen sie perfekt

FÜR 4 PERSONEN
500 g festkochende Kartoffeln
1 Zwiebel, 70 g Räucherspeck
2 EL Butterschmalz, Salz, Pfeffer
2–3 Stängel Petersilie

1 Am Vortag die Kartoffeln waschen und in kochendem Salzwasser in 25–30 Min. bissfest garen, ausdampfen lassen. Vorm Braten pellen und in Scheiben von ca. 5 mm Dicke schneiden

2 Zwiebel schälen und wie auch den Speck klein würfeln. In einer großen Pfanne bei mittlerer Hitze den Speck auslassen. Zwiebel dazugeben und beides schön Farbe nehmen, aber nicht anbrennen lassen. In eine Schüssel geben. Die Pfanne mit Küchenpapier auswischen.

3 In der Pfanne das Butterschmalz stark erhitzen und die Kartoffelscheiben so einlegen, dass möglichst viele Scheiben Kontakt zum Pfannenboden haben. Nicht rütteln, nicht rühren, nichts bewegen! Nach 3–4 Min. sind die Kartoffeln von unten schon etwas gebacken – nun vorsichtig wenden, salzen, pfeffern und die andere Seite backen. Insgesamt brauchen die Kartoffeln nicht öfter als zweimal gewendet werden.

4 Sind die Bratkartoffeln farblich wie gewünscht (das wird für ein Goldbraun ca. 20 Min. dauern), Speck und Zwiebel zurück in die Pfanne geben und vorsichtig untermischen. Petersilie abbrausen und trocken schütteln, Blättchen abzupfen, hacken und kurz vorm Servieren ebenfalls unter die Kartoffeln mischen.

Tipp: In der Ruhe liegt die Kraft – ein ständiges Wenden der Kartoffeln stört den Bratvorgang nur. Und: Die besten Bratkartoffeln sind die, bei denen man das Fett auf dem Teller nicht mehr sehen kann – sie sollen saftig, aber knusprig und trocken sein.

Zeitbedarf: *45 Min., Garzeit: 30 Min.*
Das schmeckt dazu: *Rumpsteak und ein kräftiger Rotwein*
Pro Portion: *190 kcal*

GENAU SO SOLLEN SIE AUSSEHEN: EIN TRAUM!

KARTOFFEL-KLÖSSE

HALB UND HALB

zum Braten mit Sauce fast unverzichtbar

Bei meiner Oma in Franken gab es sonntags fast immer Klöße und einen schönen Braten mit reichlich Sauce – da habe ich mich schon die ganze Woche darauf gefreut! Das ist ihr Kloßerezept.

FÜR 6 PERSONEN

1 Scheibe Brot (am besten funktioniert Bauernbrot)
1 EL Butter
1 EL Salz
2 kg mehligkochende Kartoffeln
etwas Speisestärke (aus Kartoffeln, auch Kartoffelmehl) zum Binden

1 Die Brotscheibe in kleine Würfel schneiden. In einer Pfanne die Butter schmelzen, mit 1 Prise Salz würzen und darin die Brotwürfel anrösten, jedoch nicht zu knusprig und zu fest werden lassen. Die Würfel aus der Pfanne nehmen und auf Küchenpapier abtropfen lassen.

2 Die Hälfte der Kartoffeln waschen und ungeschält in ausreichend Salzwasser oder im Dampf in 20 – 25 Min. gar kochen. Dann abgießen, kurz ausdampfen lassen, pellen und in einer großen Schüssel etwas abkühlen lassen. Mit einer Gabel klein zerdrücken.

3 Die andere Hälfte der Kartoffeln schälen und waschen. Ein Sieb über eine Schüssel legen. Nun auf einer feinen Reibe die Kartoffeln in das Sieb reiben, dabei die Raspel immer wieder ins Sieb hineindrücken, damit die Kartoffeln entwässert werden. Ist das Sieb nahezu voll, die Kartoffeln in ein Küchentuch stürzen. Mit den restlichen Kartoffeln weiter so verfahren, bis alle aufgebraucht sind. Die Kartoffelmasse im Küchentuch fest zusammendrücken und die verbliebene Flüssigkeit herauspressen.

Die Klöße kann man gut offen ziehen lassen, da brauchen Sie keinen Deckel

4 Die ausgedrückte Kartoffelmasse zu den gegarten Kartoffeln geben, salzen und alles gut miteinander vermengen. Die Masse sollte nicht an den Fingern kleben, daher bei Bedarf etwas Speisestärke dazugeben.

5 Nun 12 Klöße gleicher Größe formen, dabei in jeden Kloß einige Stückchen geröstetes Brot in die Mitte stecken und den Kloß rundherum wieder gut schließen. Mit leicht angefeuchteten Händen lassen sich besonders gut Klöße formen.

6 In einem möglichst großen Topf reichlich Wasser zum Kochen bringen, salzen und darin die Klöße in 20 – 25 Min. bei geringer Hitze gar ziehen lassen.

Tipp: Es gibt natürlich die Varianten, Klöße bzw. Knödel nur aus rohen oder nur aus gekochten Kartoffeln zu machen – dabei einfach jeweils wie oben beschrieben vorgehen. Und bei gekochten Kartoffeln noch 3 – 4 Eier dazugeben und etwas Mehl oder Kartoffelstärke einarbeiten, bis der Teig nicht mehr klebt.

Zeitbedarf: *30 Min., Garzeit: 45 Min.*
Das schmeckt dazu: *Braten mit Sauce*
Pro Portion: *200 kcal*

KARTOFFEL-GRATIN

mit Rotweinzwiebeln

FÜR 4 PERSONEN

FÜR DAS GRATIN

750 g festkochende Kartoffeln
1 Quitte, 2 Äpfel, 1 TL Butter
200 g Sahne, 100 ml Milch
2 Knoblauchzehen
Salz, Pfeffer
frisch geriebene Muskatnuss
100 g Bergkäse (z. B. Comté)

FÜR DIE ROTWEINZWIEBELN

300 g rote Zwiebeln
1 EL Olivenöl, 350 ml Rotwein
2 EL Kastanienhonig
2 EL Essig, Salz, Pfeffer

1 Backofen auf 200° vorheizen. Die Kartoffeln schälen und mit einem Hobel oder einer Mandoline in feine Scheiben hobeln. Quitte und Äpfel schälen, entkernen und ebenfalls in feine Scheiben hobeln.

2 Vier kleine Auflaufformen (oder eine große Form) gut ausbuttern. In abwechselnder Folge Kartoffeln, Quitte und Äpfel senkrecht hineinstellen, bis die Formen ausgefüllt sind.

3 In einem Topf Sahne und Milch erwärmen. Knoblauch schälen, dazupressen. Mit Salz, Pfeffer und Muskat würzen. Die Mischung über den Kartoffel-Mix geben. Käse raspeln, darüberstreuen. Im Ofen (Mitte) in ca. 45 Min. (1 Std. in der großen Form) goldbraun backen.

4 Die Zwiebeln schälen, halbieren und in dünne Streifen schneiden. In einem Topf Öl erhitzen, darin die Zwiebeln andünsten. Mit etwas Rotwein ablöschen und diesen bei mittlerer Hitze einkochen lassen. Erneut ablöschen und einkochen lassen – wiederholen, bis am Ende der Wein verbraucht ist. Insgesamt dauert das 30 – 60 Min. Honig und Essig unter die Zwiebeln rühren. Mit Salz und Pfeffer abschmecken. Zum Gratin servieren.

Zeitbedarf: *1 ½ Std.*
Das schmeckt dazu: *gebratenes Lamm*
Pro Portion: *560 kcal*

FINGERNUDELN

auch Bubenspitzle genannt

FÜR 4 PERSONEN

800 g mehligkochende Kartoffeln
Salz
3 EL Butter
80 g Mehl + etwas mehr zum Arbeiten
40 g Speisestärke
3 Eigelb
frisch geriebene Muskatnuss
2 EL Butterschmalz

1 Die Kartoffeln waschen und ungeschält in ausreichend Salzwasser oder auch im Dampf in 20 – 25 Min. gar kochen. Dann abgießen, kurz ausdampfen lassen und pellen. Dies am besten bereits am Vortag machen.

2 Die Butter in einem kleinen Topf schmelzen. Die Kartoffeln durch die Kartoffelpresse in eine Schüssel oder auf eine bemehlte Arbeitsfläche drücken. 50 g Mehl, Speisestärke, geschmolzene Butter und die Eigelbe dazugeben, mit Salz und Muskat abschmecken. Aus den Zutaten einen homogenen Teig kneten, der nicht mehr klebt. Dabei bei Bedarf das übrige Mehl einarbeiten.

3 Vom Teig ein Stück abnehmen und auf der bemehlten Arbeitsfläche mit den Handflächen zu einer fingerdicken Rolle formen. Davon Stücke von ca. 5 cm Länge abstechen und diese an den Enden spitz rollen. Auf diese Weise den kompletten Teig verarbeiten.

4 In einem weiten Topf Salzwasser zum Sieden bringen. Die Fingernudeln darin 4 – 5 Min. (je nach Dicke) garen. Mit einem Schaumlöffel herausnehmen und abtropfen lassen.

5 In einer großen Pfanne das Butterschmalz schmelzen. Darin die Fingernudeln bei mittlerer Hitze rundum leicht braun anbraten.

Tipp: Anstatt die Kartoffeln zu dämpfen oder zu kochen, kann man sie auch ungeschält im Backofen bei 160° ca. 45 Min. backen.

Zeitbedarf: *50 Min., Garzeit: 20 Min.*
Das schmeckt dazu: *ganz klassisch Speck-Sauerkraut mit in die Pfanne geben, aber auch Kalbsmedaillons sind sehr lecker dazu*
Pro Portion: *320 kcal*

DAS ROLLEN HAT MAN
GANZ SCHNELL DRAUF

DER HANDSTAMPFER
DARF RUHIG AUCH
HISTORISCH SEIN.

KARTOFFEL-PUFFER

mit Apfelmus

FÜR 4 PERSONEN
1 kg Äpfel (z. B. Idared oder Pinova)
2 EL Zucker
1,2 kg mehligkochende Kartoffeln
2 EL Naturjoghurt, 1 Zwiebel, 1 Ei
1 EL Speisestärke (aus Kartoffeln, auch Kartoffelmehl)
Salz, Pfeffer
frisch geriebene Muskatnuss
4 TL Öl

1 Äpfel waschen, vierteln und entkernen. In einen Topf geben, 100 ml Wasser angießen und bei geschlossenem Deckel in 8 – 10 Min. weich kochen. Dann die Äpfel mit dem Kartoffelstampfer zerdrücken. Mus mit einer Kelle aus dem Topf holen, in eine Schüssel geben und mit dem Zucker vermischen. Die Schalen verbleiben im Topf und können entsorgt werden.

2 Zwischendurch die Kartoffeln schälen, waschen und fein raspeln. In einem Sieb kräftig ausdrücken und die ablaufende Flüssigkeit in einer Schüssel auffangen. Kartoffelraspel auf ein Küchentuch geben und darin gut auswringen – auch hier die Flüssigkeit auffangen. Bald setzt sich auf dem Schüsselboden die Stärke ab. Dann die Flüssigkeit vorsichtig abgießen.

3 Kartoffeln zur Stärke in die Schüssel geben, den Joghurt untermischen. Zwiebel schälen, fein würfeln und mit dem Ei und der Stärke ebenfalls unter die Kartoffeln mischen. Mit Salz, Pfeffer und Muskat abschmecken. Aus der Masse flache Puffer formen.

4 Etwas Öl in einer großen Pfanne erhitzen und darin die Puffer portionsweise von beiden Seiten in je ca. 3 Min. goldbraun braten. Mit dem Apfelmus servieren.

Zeitbedarf: *35 Min.*
Das schmeckt dazu: *statt Apfelmus passt auch prima gebeizter Lachs, Sauerkraut oder auch Kräuterquark*
Pro Portion: *355 kcal*

KARTOFFEL-PÜREE

eine gute Basis

FÜR 4 PERSONEN
1 kg mehligkochende Kartoffeln
Salz, 400 ml Milch
100 g Sahne, 2 EL Butter
frisch geriebene Muskatnuss

1 Die Kartoffeln waschen und ungeschält in ausreichend Salzwasser oder auch im Dampf in 20 – 25 Min. gar kochen. Dann abgießen, ausdampfen lassen, pellen. In einem Topf Milch, Sahne und Butter erhitzen (nicht kochen!).

2 Kartoffeln durch die Presse in eine Schüssel (Kunststoff) drücken. Sahnemilch dazugießen und mit dem Schneebesen unter die Kartoffeln schlagen, bis ein lockeres Püree entstanden ist. Mit Muskat und Salz abschmecken.

Tipps: Nehmen Sie eine Metallschüssel (insbesondere aus Aluminium), riskieren Sie, dass Ihr Püree aufgrund einer chemischen Reaktion leicht grau wird. Ähnliches passiert bei der Verwendung von kalter Milch. Und: Würzig wird das Püree, wenn man ein Viertel der Kartoffeln z. B. durch Sellerie oder Möhren ersetzt.

Zeitbedarf: *10 Min., Garzeit: 25 Min.*
Das schmeckt dazu: *(fast) alles mit Sauce*
Pro Portion: *330 kcal*

SPÄTZLE GRUNDREZEPT

aus den handgeschriebenen Rezeptbüchern von Stuttgarter Hausfrauen ...

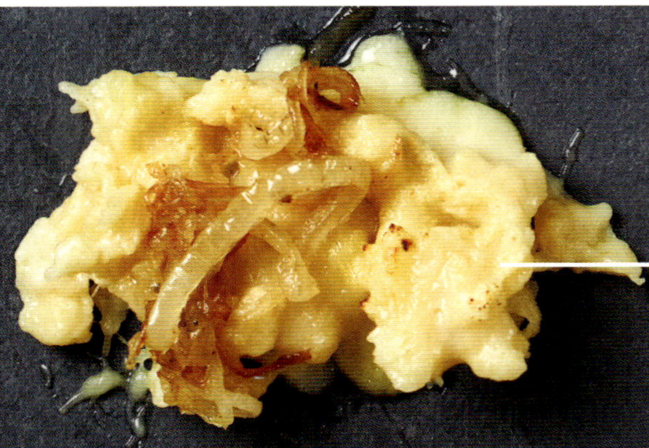

1
KÄSESPÄTZLE

DIE GEHEN SELBSTVERSTÄNDLICH NUR IN BEGLEITUNG VON GESCHMÄLZTEN ZWIEBELN

2
KÜRBISSPÄTZLE

EINE TOLLE VARIANTE FÜR DIE HERBSTSAISON

3
SPINATSPÄTZLE

DAMIT KRIEGT MAN AUCH ALLE RUM, DIE SONST KEINEN SPINAT ESSEN!

FÜR 4 PERSONEN

ZUTATEN: 400 g Spätzlemehl (doppelgriffiges Mehl), 4 Eier, Salz, 150 ml Mineralwasser, ein paar Butterflöckchen zum Belegen (nach Belieben)

1 Das Mehl in eine Schüssel sieben, Eier, 1 TL Salz und das Mineralwasser dazugeben. Alles mit einem Kochlöffel zu einem glatten, zähen Teig schlagen, bis dieser Blasen wirft. In einem großen Topf reichlich Wasser zum Kochen bringen und salzen. 2 Den Teig portionsweise durch eine Spätzlepresse ins siedende Wasser drücken. 3 Schwimmen die Spätzle an der Oberfläche (das dauert maximal 2 Min.), mit dem Schaumlöffel abschöpfen, in kaltem Wasser abschrecken und in eine ofenfeste Form füllen. Nach Belieben mit Butterflöckchen belegen und im 180° heißen Backofen (Mitte) erneut erhitzen. So weitermachen, bis der gesamte Teig aufgebraucht ist und die Spätzle in der Form sind.

Zeitbedarf: *30 Min.* | **Das schmeckt dazu:** *dem Schwaben fast alles – Kurzgebratenes und Geschnetzeltes ohnehin* | **Pro Portion:** *415 kcal*

ZUSÄTZLICH ZUM GRUNDREZEPT

ZUTATEN: 150 g Greyerzer, 4 Zwiebeln, Öl und Butter zum Braten, Pfeffer

1 Den Käse raspeln. Die Zwiebeln schälen und in dünne Ringe schneiden. In einer großen Pfanne etwas Öl und Butter erhitzen und darin die Zwiebelringe bei kleiner oder mittlerer Hitze in ca. 15 Min. goldbraun schmoren, dabei immer wieder mal mit dem Kochlöffel bewegen. 2 Inzwischen nach dem Grundrezept die Spätzle herstellen. Nach jeder Portion in der ofenfesten Form etwas Käse über die Spätzle streuen, pfeffern und wieder in den Ofen schieben. So weiter verfahren, bis der gesamte Teig und der ganze Käse aufgebraucht ist. 3 Die Spätzle im Ofen backen, bis der Käse mit den Spätzle verschmolzen ist. Mit den Zwiebeln angereichert servieren.

Zeitbedarf: *1 Std.* | **Das schmeckt dazu:** *ein grüner Salat und ein leichter Rotwein, z. B. Trollinger* | **Pro Portion:** *620 kcal*

ZUSÄTZLICH ZUM GRUNDREZEPT

ZUTATEN: 300 g Hokkaido-Kürbis, 200 ml Gemüsebrühe, etwas Mehl (bei Bedarf)

1 Den Kürbis waschen, entkernen und samt der Schale klein würfeln. In der Gemüsebrühe (ist nicht so viel, damit der Kürbis nicht zu flüssig wird) in ca. 15 Min. weich garen. 2 Den Kürbis pürieren und kurz abkühlen lassen, damit das Püree fester wird, dann unter den fertigen Spätzleteig mischen. Wird die Konsistenz zu flüssig, noch etwas Mehl unterrühren, der Teig soll wie oben beschrieben zäh vom Löffel fallen. 3 Den Spätzleteig weiter verarbeiten, so wie es im Grundrezept steht.

Zeitbedarf: *45 Min.* | **Das schmeckt dazu:** *zartes Reh und eine kräftige dunkle Sauce* | **Pro Portion:** *430 kcal*

ZUSÄTZLICH ZUM GRUNDREZEPT

ZUTATEN: 300 g TK-Rahmspinat (am besten in kleinen Blöcken, die tauen schneller auf), etwas Mehl (bei Bedarf)

1 Den Spinat auftauen lassen und unter den fertigen Spätzleteig mischen. Wird die Konsistenz zu flüssig, noch etwas Mehl unterrühren, der Teig soll wie oben beschrieben zäh vom Löffel fallen. 2 Den Spätzleteig weiter verarbeiten, so wie es im Grundrezept steht.

Zeitbedarf: *35 Min. (ohne Auftauzeit)* | **Das schmeckt dazu:** *gedünstete Möhren und Schweinelende* | **Pro Portion:** *425 kcal*

TOLLER EINSTIEG
FÜR JEDE PARTY

ROASTBEEF-PFANNKUCHEN

Hingucker-Fingerfood-Snack

FÜR 8 PERSONEN
¼ l Milch, 2 Eier
1 TL Salz
80 g Mehl, 2 EL Öl
70 g Doppelrahm-Frischkäse
1 EL Quark
1 TL Honig, Pfeffer
1 Kästchen Gartenkresse
250 g Roastbeef (in dünnen Scheiben)
ein paar Salatblätter zum Anrichten

1 In einer Schüssel die Milch mit den Eiern und dem Salz mit einem Schneebesen oder mit den Quirlen des Handrührgeräts sehr gut verquirlen. Dann das Mehl portionsweise kräftig unterschlagen, sodass der Teig keine Klümpchen aufweist.

2 In einer beschichteten Pfanne etwas Öl erhitzen. Darin 1 Schöpfkelle Teig durch Schwenken der Pfanne so verteilen, dass sich ein dünner Fladen ergibt. Sobald der Teig beginnt, fest und goldbraun zu werden (nach ca. 2 Min.), mit einem Pfannenwender den Pfannkuchen umdrehen und auf der anderen Seite ebenfalls leicht bräunen. Auf diese Weise den ganzen Teig aufbrauchen. Die fertigen Pfannkuchen abkühlen lassen.

3 Frischkäse, Quark und Honig verrühren, pfeffern. Die Kresse mit einer Schere vom Beet schneiden und unter die Creme rühren.

4 Die Pfannkuchen nacheinander dünn mit der Creme bestreichen und mit dem Roastbeef gleichmäßig belegen. Dann die Pfannkuchen aufrollen und in 2 cm breite Stücke schneiden. Diese zum Servieren auf Salatblätter setzen.

Tipp: Das Roastbeef mal gegen Räucherlachs austauschen. In diesem Fall auch etwas Ingwer fein hacken und unter die Creme mischen.

Zeitbedarf: *30 Min.*
Das schmeckt dazu: *ein Glas Sekt*
Pro Portion: *160 kcal*

SEMMELKNÖDEL

echt bayerisch

FÜR 4 PERSONEN
8 altbackene Brötchen oder Laugenbrezen, 400 ml Milch
1 Zwiebel, 2 EL Butter
1 kleines Bund Petersilie
3 Eier, Salz, Pfeffer
frisch geriebene Muskatnuss

1 Die Brötchen oder Brezen in kleine Würfel schneiden und in eine Schüssel geben. Die Milch lauwarm erhitzen.

2 Zwiebel schälen und fein würfeln. Butter schmelzen und die Zwiebel darin andünsten. Die Petersilie abbrausen, trocken schütteln und fein hacken. Beides mit Milch und Eiern zu den Brötchen oder Brezen geben, mit Salz, Pfeffer und Muskat würzen. Alles vermengen und dann ca. 15 Min. ruhen lassen, in der Zeit wird die Flüssigkeit gut aufgesogen.

3 In einem großen Topf reichlich Salzwasser aufkochen. Aus der Masse mit angefeuchteten Händen 8 – 12 Knödel formen und im siedenden Wasser in 25 Min. gar ziehen lassen.

Zeitbedarf: *20 Min., Ruhezeit: 15 Min., Garzeit: 25 Min.*
Das schmeckt dazu: *alle Braten mit Sauce*
Pro Portion: *260 kcal*

NUDELTEIG

Aber so was von durchgedreht!

Jeder schwärmt von selbst gemachten Nudeln. Tatsächlich schmecken sie unvergleichlich viel besser als Industrieware. Noch nie probiert? Dann wird's höchste Zeit! Alles, was Sie brauchen, ist eine kleine Pastamaschine. Und die gibt es für weniger als 20 Euro ...

1 Alle Zutaten in einer Schüssel mit den Knethaken des Handrührgeräts zu einem glatten Teig verarbeiten. Alternativ kann dies auch in der Küchenmaschine erfolgen – oder per Hand. In diesem Fall häufeln Sie das Mehl auf eine Arbeitsplatte, drücken eine Mulde hinein und geben dort hinein Eier, Salz und Öl. Die Eier mit einer Gabel verquirlen, etwas Mehl darüberstreuen und alles per Hand zu einem Teig verkneten.

FÜR 600 G NUDELTEIG

400 g Mehl (italienisches Weizenmehl Type 00, übliches Weizenmehl Type 405 oder Hartweizenmehl) + etwas mehr zum Arbeiten
4 Eier
1 TL Salz (einfaches Haushaltssalz oder gerne auch Meersalz)
½ TL Olivenöl

2 Den Teig einige Zeit immer wieder in verschiedene Richtungen kneten, damit er möglichst homogen wird. Er soll am Ende schön glatt und elastisch sein, zudem dürfen die Finger nicht mehr daran kleben bleiben. In Frischhaltefolie wickeln und 1 Std. im Kühlschrank ruhen lassen.

3 Walzen der Pastamaschine auf Stufe 1 stellen (so sind sie am weitesten voneinander entfernt). Ein Stück Teig flacher drücken und durch die Walzen drehen. Zusammenklappen, durchdrehen – und das immer wieder, dabei die Walzen stets enger stellen (bis Stufe 6 oder 7).

4 Ist die gewünschte Dicke erreicht, die Teigplatte auf der bemehlten Arbeitsfläche auslegen, einmal umdrehen und das Mehl mit der Hand abfegen, erneut umdrehen und nochmals das Mehl leicht abfegen. Kurz ruhen lassen, bis der Nudelteig ein wenig getrocknet ist. Ist der ganze Teig wie gerade beschrieben verarbeitet, kommt es nun darauf an, was Sie daraus machen möchten.

5 Für Bandnudeln etwa rollen Sie die Teigplatte ganz locker zu einer Rolle auf, lassen aber einen Streifen von ca. 5 cm unaufgerollt. Mit einem großen Messer schneiden Sie nun von der Rolle Nudeln in der gewünschten Breite ab. Ist die ganze Rolle aufgeschnitten, heben Sie sie einfach am überstehenden Rand hoch – und die einzelnen Nudeln rollen sich dann ganz locker nach unten ab.

PILZMAULTASCHEN MIT KANINCHENRAGOUT

für besondere Anlässe

Die Herstellung von Maultaschen ist kein Hexenwerk, nur ein wenig Zeit muss man investieren: Wir nehmen als Basis einfach den selbst gemachten Nudelteig von Seite 106 und kombinieren ihn mit einer feinen Füllung. Das war's auch schon. Und dazu gibt es ein nicht zu deftiges Kaninchenragout, das perfekt zu den Maultaschen passt.

Gut pinseln für besseres Kleben

FÜR 6 PERSONEN

FÜR DAS KANINCHENRAGOUT

1 Kaninchen (ca. 1½ kg)
150 g Zwiebeln
3 Knoblauchzehen
500 g Tomaten
1 kleines Bund Petersilie
2 EL Olivenöl
1 EL Butter
100 ml Weißwein
Salz, Pfeffer

FÜR DIE MAULTASCHEN

500 g saisonale Pilze (Pfifferlinge, Braunkappen, Kräuterseitlinge, …)
150 g Zwiebeln, 1 Knoblauchzehe
1 EL Butter, Salz, Pfeffer
1 altbackenes Brötchen
3 Eier, 100 g saure Sahne
600 g Nudelteig (S. 106; zu dünnen, langen Platten ausgewalzt)

1. Fürs Ragout vom Kaninchen mit einem scharfen Messer das Fleisch auslösen, es dürften ca. 750 g herauskommen. Das Fleisch nach gewünschter Größe würfeln. (Die Knochen für einen anderen Zweck verwenden.)

2. Zwiebeln und Knoblauch schälen und fein würfeln. Tomaten vom Stielansatz befreien, kreuzweise einschneiden, mit kochendem Wasser überbrühen, häuten, entkernen, grob würfeln. Petersilie abbrausen, trocken schütteln, Blättchen abzupfen, Stängel fein hacken.

3. In einem Topf Öl und Butter erhitzen. Darin die Zwiebeln andünsten, dann kurz den Knoblauch mitdünsten. Das Fleisch dazugeben und von allen Seiten Farbe nehmen lassen. Mit Wein ablöschen, salzen, pfeffern, Tomaten und Petersilienstängel untermischen. Alles bei geringer Hitze in ca. 1 Std. gar schmoren. Zum Schluss Petersilienblättchen fein hacken und die Hälfte davon übers Ragout streuen.

4. Inzwischen für die Maultaschen Pilze putzen, klein schneiden. Zwiebeln und Knoblauch schälen, fein würfeln. In einer Pfanne Butter schmelzen. Zwiebeln und Knoblauch darin andünsten. Die Pilze dazugeben, 4–5 Min. mitdünsten, salzen, pfeffern. Pilze in einem Sieb ausdrücken (ablaufende Flüssigkeit auffangen und ins Ragout geben). Pilze kurz abkühlen lassen. Dann das Brötchen klein würfeln und zu den Pilzen geben, ebenso 1 Ei, übrige Petersilie vom Ragout und die Sahne. Alles zu einer festen Masse verarbeiten, die nicht wässert.

5. Teigplatten nebeneinander auf die Arbeitsfläche legen. Alle 8–10 cm 1 Klecks Füllung entlang einer Längsseite platzieren, dabei im unteren Drittel bleiben. Teigränder und -zwischenräume mit den übrigen verquirlten Eiern bestreichen. Den freien Teil der Teigplatten längs so über die Füllung klappen, dass die Teigkanten aufeinanderliegen. Teigplatten zu Maultaschen schneiden, Teigränder mit einer Gabel gut zusammendrücken.

6. Maultaschen auf bemehltem Untergrund ein paar Min. trocknen lassen, dann in reichlich siedendem Salzwasser 8–10 Min. garen. Herausheben und mit dem Ragout servieren.

Zeitbedarf: *1 Std. 40 Min.*
Das schmeckt dazu: *etwas frisch geriebener Parmesan über den Maultaschen*
Pro Portion: *725 kcal*

TEIGTASCHEN SIND NUR
BEIM ERSTEN MAL SCHWER
ZU MACHEN

KASTANIENNUDELN MIT KRÄUTERPESTO

würzig und intensiv

Das aromatische Kastanienmehl für den Nudelteig bekommen Sie am einfachsten online oder vor Ort in einem Mühlenladen oder beim Feinkost-Italiener. Da dieses Mehl wesentlich trockener als etwa Weizenmehl ist, lässt es sich kaum pur verwenden und muss gemischt werden.

FÜR 4 PERSONEN

FÜR DIE NUDELN

200 g Weizenmehl (Type 1050) + etwas mehr zum Arbeiten
100 g Kastanienmehl
2 Eier
3 Eigelb
Salz

FÜR DAS PESTO

1 Topf Basilikum
1 Bund Kerbel
1 Bund Petersilie
1 Bund Minze
2 Knoblauchzehen
1 grüne Chilischote
½ TL Salz
Pfeffer
80 ml Olivenöl

1 Für die Nudeln beide Mehlsorten in eine Schüssel sieben. Eier und Eigelbe dazugeben, dann 1 TL Salz. Alles mit den Knethaken des Handrührgeräts oder in der Küchenmaschine vermengen, danach müssen die Hände ran. Auf der Arbeitsfläche den Teig kräftig kneten, sodass er am Ende glatt und homogen ist, dabei immer wieder die Knetrichtung wechseln. Test: Wenn Sie einen Finger in den Teig drücken und er ohne Kleben wieder herauszuziehen ist, ist der Teig perfekt. In Frischhaltefolie wickeln, im Kühlschrank 1 Std. ruhen lassen.

2 Inzwischen das Pesto zubereiten. Kräuter abbrausen und trocken schütteln. Basilikum mitsamt den Stängeln vom Stock abschneiden und grob hacken. Kerbel und Petersilie ebenfalls mit den Stängeln hacken. Minzeblättchen abzupfen und nur diese hacken.

3 Den Knoblauch schälen und grob hacken. Die Chilischote putzen, waschen und ebenfalls hacken. Beides zusammen mit den Kräutern, dem Salz, Pfeffer und Olivenöl in der Küchenmaschine oder mit dem Stabmixer in einem hohen Gefäß fein pürieren.

4 Den Teig vierteln und nacheinander verarbeiten: mit den Händen flacher drücken und bei Stufe 1 durch die Walzen der Pastamaschine drehen. Zusammenklappen und erneut durchdrehen. Dies wiederholen, bis eine schön dünne Teigplatte entstanden ist, dabei die Walzen immer enger stellen (bis Stufe 6 oder 7).

5 Die Teigplatten auf der bemehlten Arbeitsfläche auslegen, mit Mehl bestäuben und dann wenden, um das Mehl auf beiden Seite gut zu verteilen. Ist der Teig nach wenigen Min. grifffest (er klebt nicht mehr an den Fingern), die Teigplatten locker aufrollen und mit dem Messer in die gewünschte Nudelbreite schneiden.

6 Die Nudeln in kochendem Salzwasser in 2–3 Min. al dente garen, abgießen und sofort mit dem Pesto vermischen.

Kastanienmehl bringt ein schönes Braun

Tipp: Lassen Sie sich beim Kneten des Teigs nicht davon irritieren, dass er zunächst äußerst spröde wirkt. Sie könnten glauben, der wird niemals weich! Nach wenigen Minuten jedoch sehen Sie den Lohn Ihrer Mühen.

Zeitbedarf: *1 Std. 40 Min.*
Das schmeckt dazu: *gebratene Garnelen oder auch Jakobsmuscheln*
Pro Portion: *500 kcal*

NUSSIG UND KRÄUTRIG
SIND EINE GENIALE KOMBI

DECKEL HEBEN IST DER
MOMENT DER WAHRHEIT

DAMPFNUDELN MIT VANILLESAUCE
UND WEINSCHAUMCREME

zwei Saucen zur Qual der Wahl

Dass Dampfnudeln ursprünglich eine Arme-Leute-Speise war, denkt bei dem Variantenreichtum keiner. Ob als Hauptgericht oder als Dessert, ob mit einer süßen Sauce oder mit Kraut – der Knödel macht stets eine gute Figur.

FÜR 8 PERSONEN

FÜR DIE DAMPFNUDELN
400 ml Milch
1 Würfel Hefe (42 g)
500 g Mehl
4 EL Zucker
1 TL Salz
110 g zimmerwarme Butter
1 Eigelb, 1 Ei

FÜR DIE WEINSCHAUMCREME
1 Ei, 2 Eigelb
50 g Puderzucker
⅛ l Weißwein

FÜR DIE VANILLESAUCE
1 Vanilleschote
5 Eigelb
2 EL Zucker
2 EL Vanillezucker
3 TL Speisestärke
½ l Milch

Wie groß genau, ist nicht so wichtig. Hauptsache schön glatt

1 Für die Dampfnudeln ¼ l Milch in einem Topf lauwarm erhitzen. 5 EL davon in eine große Schüssel geben, die Hefe hineinbröseln, mit einer Gabel verrühren und dabei auflösen. 1 EL Mehl, 1 EL Zucker und 1 Prise Salz unterrühren. Den Vorteig 20 Min. ruhen lassen.

2 Nach den 20 Min. ist der Vorteig gut aufgegangen. Jetzt restliches Mehl, übrige lauwarme Milch, 1 EL Zucker, 70 g Butter, Eigelb und ganzes Ei dazugeben und alles mit den Knethaken des Handrührgeräts zu einem lockeren, homogenen Teig verkneten. Diesen abgedeckt an einem warmen Ort in ca. 30 Min. auf das doppelte Volumen aufgehen lassen.

3 Dann aus dem Hefeteig acht Knödel formen und auf einem bemehlten Holzbrett nochmals 20 Min. ruhen lassen.

4 In einem gut schließenden, großen Topf oder Bräter (Gusseisen oder gute Beschichtung sind ideal) die restliche Milch mit der verbliebenen Butter, dem übrigen Zucker und dem restlichen Salz aufkochen. Die Knödel vorsichtig hineinsetzen. Deckel auflegen, gegebenenfalls sogar beschweren, und die Hitze sehr klein stellen Nach ca. 25 Min. sind die Dampfnudeln fertig und haben goldbraune Böden.

5 Inzwischen für die Weinschaumcreme in einem Topf einen Finger hoch Wasser aufkochen, dann die Temperatur auf mittlere Hitze stellen. Auf den Topf eine Schlagschüssel setzen und darin mit einem Schneebesen Ei, Eigelbe, Puderzucker und Wein dickschaumig schlagen. Sobald beim Schlagen in der Creme deutliche Rillen sichtbar bleiben, ist sie fertig. (Statt des Schneebesens können Sie auch einen Stabmixer mit Scheibe verwenden.)

6 Für die Vanillesauce die Vanilleschote längs aufschneiden und das Mark herausschaben. In einem Topf Eigelbe mit Zucker, Vanillezucker, Stärke und Vanillemark mit einem Schneebesen glatt verrühren. Die Milch dazugießen und die ausgeschabte Vanilleschote einlegen. Die Sauce bei geringer bis mittlerer Hitze ca. 5 Min. unter Rühren erwärmen, bis sie dicklich ist, dabei aber keinesfalls kochen lassen.

7 Die Dampfnudeln aus dem Topf heben, auseinanderlösen und auf Teller verteilen. Mit der Weincreme oder / und (!) der Vanillesauce servieren.

Zeitbedarf: *30 Min., Ruhezeit: 1 Std. 10 Min.*
Das schmeckt dazu: *die einen schwören auf Riesling, die anderen auf Silvaner*
Pro Portion: *525 kcal*

Geflügel, Wild und richtig Gutes mit

FLEISCH

MIT DIESEN REZEPTEN GEHT ES WIRKLICH QUER DURCHS LAND. AUF DEM GRILL UND IM OFEN, IM TOPF UND IN DER PFANNE WARTEN HIER ECHTE REGIONALE SPEZIALITÄTEN AUF SIE. FÜR JEDEN TAG UND FÜR BESONDERE ANLÄSSE. WICHTIG IST NUR, GERADE BEIM FLEISCH, IMMER AUF BESTE QUALITÄT ZU ACHTEN.

BRATWURST

wilde Variante

Wer erst einmal auf den Dreh gekommen ist, wird es lieben: Würste – ob von Schwein, Lamm oder Wild – selbst herzustellen, ist kein Hexenwerk. Was man dazu unbedingt braucht, ist ein Fleischwolf, wünschenswert ist eine Wurstfüllmaschine, die es schon relativ günstig zu kaufen gibt. Im Zweifelsfall reicht aber auch eine ganz normale Spritztülle, wie man sie vom Backen her kennt.

1

Zunächst das Fleisch mit der Faser in Streifen schneiden. – Diese haben den Vorteil, dass sie sich – wie es bei Fleischwürfeln nicht der Fall wäre – quasi fast von selbst durch den Fleischwolf ziehen und diesen weniger verstopfen. Anders als beim Parieren von Fleisch, ist es hier nicht nötig, Fett und Sehnen zu entfernen – der Fleischwolf wird's schon richten.

FÜR CA. 20 STÜCK

1 kg Nackenfleisch vom Reh
500 g grüner Speck oder stark durchwachsene Rehabschnitte
15 g Koriandersamen
8 g grüne Pfefferkörner
1 Stängel Zitronengras
1 rote Peperoni, 30 g Ingwer
20 g Meersalz
schwarzer Pfeffer
1 Bund Koriandergrün
100 g Preiselbeeren
Chiliflocken zum Nachwürzen
Lammsaitlinge (Kaliber 22/24, ca. 5 m, beim Metzger vorbestellen)
1 Tropfen Öl

2

Gerade Rehfleisch ist von der Struktur her, sofern es nicht von der Keule kommt, durchzogen von Sehnen. Daher lassen wir es zweimal durch den Wolf: erst durch die grobe, dann zusammen mit dem in Streifen geschnittenen Speck oder den Abschnitten durch die mittlere Lochscheibe. Das Brät ist nun schön gleichmäßig und fertig für die Würzung.

3

Koriander und grünen Pfeffer in einem Mörser anmahlen; nicht völlig fein, aber auch nicht zu grob. Vom Zitronengras das äußerste Blatt entfernen und den Stängel sehr fein hacken. Die Peperoni waschen, putzen und fein hacken. Ingwer schälen und ebenfalls fein hacken oder reiben.

4

Koriander, grünen Pfeffer, Zitronengras, Peperoni und Ingwer mit Meersalz und schwarzem Pfeffer sowie dem gehackten Koriandergrün und den Preiselbeeren zum Rehbrät geben und alles mit den Händen gründlich durchmischen, abschmecken und nachwürzen, auch mit Chili. Dann in die Füllmaschine geben. Jetzt geht's ans Aufziehen der Lammsaitlinge. Diese sollten zunächst in warmem Wasser mit dem Öl rund 30 Min. gewässert werden.

5

Nun bei der Wurstfüllmaschine die passende Tüllengröße wählen und den Saitling aufziehen. Das ist etwas Fummelei, doch hat man das erste Stück drauf, läuft der Rest wie geschmiert nach. Das überstehende Darmende verknoten, dann darf befüllt werden: Gleichmäßig kurbeln, sodass keine Luft in den Darm kommt. Und alle 20 cm den Darm abdrehen und eine neue Wurst starten. Bereits nach ein paar Würsten sieht das richtig gut aus!

Brauer Tilman: vor dem Schlucken erst mal gucken

CROSS-CHECK CRAFT-BIER

worum es eigentlich geht

WAS IST ANDERS AN CRAFT-BIER?

Längst haben auch Großbrauereien entdeckt, dass der Konsument nicht immer nur Menge vorzieht, sondern Qualität und Individualität haben möchte. 2010 etwa startete Radeberger mit »Braufactum« seinen eigenen Craft-Bier-Ableger. »Allerdings ist Craft-Bier für mich fast eine Lebenseinstellung«, sagt der Münchner Biersommelier Holger Hahn. »Nicht die Größe der Brauerei ist entscheidend, sondern die Haltung der dort arbeitenden Menschen.«

MUSS DIE SZENE KLEIN BLEIBEN?

Also liegt der Fokus auf den Brauern und nicht auf der Marketingabteilung. In den USA haben Craft-Biere einen Marktanteil von mehr als 10 Prozent. »Das könnte durchaus auch in Deutschland möglich sein«, meint Hahn. Die Zuwachsraten sind jedenfalls enorm.

HAUPTSACHE ABGEFAHREN?

Wer etwas anders macht, will sich bewusst unterscheiden und abgrenzen. Was war Hahns abgefahrenste Biererfahrung? »Ganz klar Homebrews. Biere mit Marshmallows verquickt mit bayrischen Brezen. Echt schräg ist ein Bier von Rogues Ale: Voodoo Doughnut Chocolate, Banana & Peanut Butter Ale. Prost!« Übrigens muss nicht alles revolutionär sein, was Craft (»Handwerk«) entspricht. Bestes Beispiel dafür wäre für Hahn ein Rauchbier aus Oberfranken. Ist traditionell, eigenwillig, bodenständig. Seit Hunderten von Jahren.

BIER HER, BIER HER!

Die neue Lust an Blond und Dunkel

Eigentlich, so sollte man glauben, kann uns Deutschen in Sachen Bier niemand was vormachen. Und dennoch haben wir uns in den letzten Jahrzehnten mit immer weniger Markenvielfalt zufriedengegeben, haben industrielle »Fernsehbiere« gekauft – und mussten uns plötzlich von den Amerikanern zeigen lassen, wie gutes Bier heute geht. Dort war ab den 1990ern eine »Craft-Bier«-Szene entstanden: Mikrobrauereien, die den Markt aufgemischt haben mit handwerklich gemachten Bieren in Kleinauflagen. Individuell, markant und ungewöhnlich, manchmal auch erst gewöhnungsbedürftig.

VORBILD AMERIKA

Der Trend ist seit 2010 in Deutschland angekommen. Bier demokratisiert sich wieder, Hausbrauereien und Craft-Bier-Enthusiasten sprießen förmlich aus dem Nichts. So wie Tilman Ludwig, gelernter Braumeister, aus München. 2014 meldete er sein Unternehmen an und macht inzwischen zwei Biere, ein Helles und ein Brown Ale. Seine Vorbilder sind die Belgier und die Amerikaner, die seit langem schon mit anderen Hopfensorten oder auch Zusätzen arbeiten, die über das Deutsche Reinheitsgebot hinausgehen. »Bei diesen Bieren habe ich die Möglichkeit, meiner Fantasie und meiner Kreativität freien Lauf zu lassen«, sagt Ludwig, der speziellen Hopfen aus dem US-Staat Washington importiert. Beim Hopfen sei es wie bei der Weinrebe, man solle ruhig auch hier den Begriff Terroir einführen, denn je nach Anbaugebiet, Wetterbedingungen und Bodenbeschaffenheit würden sich stets andere Aromen ausbilden.

KEINE KOMPROMISSE

Craft-Bier besitzt eine kürzere Haltbarkeit als Industriebier, weil es weder chemisch noch thermisch behandelt ist. Für Ludwig ist es eine »gewisse Kompromisslosigkeit« – weswegen er auch seine beiden Biere in unterschiedlichen Brauereien herstellt: »Man kann also sagen, dass ich die Brauerei dem Bier anpasse, nicht umgekehrt! Mein persönlicher Anreiz ist es, Biere zu brauen, die ich selbst gerne trinke und die es so noch nicht unbedingt gibt.«

LEIDENSCHAFT WIRD BERUF

Die Kundschaft liebt solche Neuentdeckungen, auch wenn eine Flasche locker das dreifache oder vierfache eines normalen Biers kostet. Getrunken wird es mit Achtsamkeit und echtem Interesse. Für den Biergenuss das Beste, was hätte passieren können. Und für Brauer wie Tilman Ludwig natürlich auch: Dieser fährt seine Biere innerhalb Münchens mit dem Fahrrad aus und hat so den direkten, persönlichen Draht zu den Kunden, hört, wie dies und das ankommt. Da hat sich einer einen echten Traum erfüllt.

KÖNIGSBERGER KLOPSE

Klassiker mit Zitrusaroma

FÜR 4 PERSONEN
8 EL Kapern, Saft von 2 Limetten
1 altbackenes Brötchen
1 Zwiebel
350 g Rinderhackfleisch
150 g Schweinehackfleisch, 1 Ei
Salz, Pfeffer, 2 Lorbeerblätter
1 EL Bio-Gemüsebrühe-Pulver
50 g Butter, 40 g Mehl
Saft und Schale von 1 Bio-Zitrone
50 ml Weißwein
1 Eigelb, 60 g Sahne

❶ Die Kapern mit dem Limettensaft vermischen und ca. 1 Std. marinieren.

❷ Das Brötchen in kaltem Wasser einweichen und nach 2 Min. gut ausdrücken. Die Zwiebel schälen und fein hacken. Das Hackfleisch mit 3 EL Kapern (ohne dem Saft), der Zwiebel, dem Brötchen und dem Ei gut vermengen. Mit Salz und Pfeffer würzen. Aus dem Fleischteig mit angefeuchteten Händen 12 Klöße formen.

❸ In einem Topf 2 l Wasser zum Kochen bringen. Lorbeerblätter einlegen und die Gemüsebrühe einstreuen. Den Limettensaft von den Kapern dazugeben. Klöße einlegen, die Hitze reduzieren und die Klopse in 25 Min. gar ziehen lassen.

❹ Inzwischen in einem zweiten Topf die Butter schmelzen und unter ständigem Rühren mit dem Schneebesen das Mehl einstreuen. Immer wieder mit 1 kleinen Kelle Brühe (von den Klopsen) ablöschen und aufkochen – bis sich genügend Sauce ergibt (ca. 400 ml). Zitronensaft und -schale, übrige Kapern und Wein unterrühren. Nach 3 Min. den Topf vom Herd nehmen, Eigelb und Sahne verquirlen und ebenfalls unterrühren. Die Sauce salzen und pfeffern, die Klopse darin servieren.

Zeitbedarf: *40 Min., Marinierzeit: 1 Std.*
Das schmeckt dazu: *Salzkartoffeln und ein Salat aus Roten Beten*
Pro Portion: *535 kcal*

FLEISCHKNÖPFE MIT MEERRETTICHSAUCE

ein Pfälzer Original

FÜR 4 PERSONEN
FÜR DIE KNÖPFE
3 altbackene Brötchen, 300 ml Milch
1 Zwiebel, 2 Zweige Thymian
5–6 Stängel Petersilie
750 g Hackfleisch (Kalb, Schwein und Rind gemischt)
2 Eier, Salz, Pfeffer
frisch geriebene Muskatnuss
abgeriebene Schale von 1 Bio-Zitrone
600 ml Rinderbrühe

FÜR DIE SAUCE
1 EL Butter, 1 EL Mehl, 200 ml Milch
1 Prise Zucker, Salz, Pfeffer
1 TL gerebelter Majoran
Saft von ½ Zitrone, 2 EL Crème fraîche
80 g frisch geriebener Meerrettich

❶ Die Brötchen in der Milch einweichen, nach 2 Min. gut ausdrücken, klein zupfen. Zwiebel schälen und fein würfeln. Kräuter abbrausen, trocken schütteln, Blättchen abzupfen. Alles mit Hack, Eiern, Salz, Pfeffer, Muskat und Zitronenschale gut vermengen. Aus dem Fleischteig mit angefeuchteten Händen kleine Klößchen formen, etwa so groß wie Golfbälle.

❷ Die Brühe aufkochen, Klößchen einlegen, die Hitze reduzieren und die Fleischknöpfe in ca. 20 Min. gar ziehen lassen.

❸ Inzwischen in einem zweiten Topf die Butter schmelzen. Sobald sie zu schäumen beginnt, das Mehl mit einem Schneebesen unterrühren und andünsten. Dann unter ständigem Rühren die Milch und ca. 300 ml Brühe (von den Knöpfen) angießen und aufkochen. Hitze reduzieren, die Sauce mit Zucker, Salz, Pfeffer, Majoran und dem Zitronensaft würzen. Am Ende mit Crème fraîche und Meerrettich abschmecken. Mit den Fleischknöpfen servieren.

Zeitbedarf: *40 Min.*
Das schmeckt dazu: *Bauernbrot, Baguette*
Pro Portion: *725 kcal*

FÜR INDIVIDUELLE SCHÄRFE ETWAS MEERRETTICH EXTRA AUF DEN TELLER GEBEN

GEHT BLITZSCHNELL
AUF EINEM GASGRILL

KALBSBURGER VOM GRILL

saftig und reich belegt

Längst haben sich Burger auch in der deutschen Grillkultur etabliert. Und zwar meilenweit entfernt von der Bulettenbraterei zum Durchfahren. Für Männer gehört es heute zum Grillsport, mit Saucen und Würzungen zu experimentieren. Unser Rezept ist leicht nachzubauen.

Hochgestapelt zum Reinbeißen

FÜR 4 PERSONEN

1 kleines Bund Petersilie
1 EL grüne Pfefferkörner
3 getrocknete Tomaten (in Öl)
2 Knoblauchzehen
600 g Kalbshackfleisch (beim Metzger vorbestellen)
4 EL Semmelbrösel
Salz, Pfeffer, 1 EL Öl
4 Lollo-Rosso-Blätter
2 Tomaten, 1 rote Zwiebel
8 dünne Scheiben Frühstücksspeck, 4 Burgerbrötchen
Grillsauce oder Senf zum Bestreichen

❶ Den Grill auf mittlere Hitze (180–200°) vorheizen. Petersilie abbrausen und trocken schütteln, Blättchen abzupfen und hacken. Pfefferkörner grob mörsern, getrocknete Tomaten klein würfeln, Knoblauch schälen und fein hacken.

❷ Vorbereitete Zutaten mit dem Kalbshackfleisch und den Semmelbröseln vermengen, mit Salz und Pfeffer würzig abschmecken. Aus dem Fleischteig 4 Fleischküchlein (Burger) von 2 cm Höhe formen. Von beiden Seiten mit etwas Öl bestreichen.

❸ Die Salatblätter waschen und trocken schleudern. Tomaten waschen, entstielen und in dünne Scheiben schneiden. Zwiebel schälen und in feine Ringe schneiden.

❹ Den Speck auf dem Grill bei indirekter Hitze (also nicht direkt über der Glut und bei geschlossenem Deckel) knusprig auslassen. Auf Küchenpapier abtropfen lassen. Burger auf den Grill legen, Deckel schließen. Nach 5 Min. die Burger wenden und weitere 3–4 Min. grillen. Burgerbrötchen aufschneiden und für die letzte Min. mit den Schnittflächen nach unten mitgrillen.

❺ Die Brötchen wahlweise mit Grillsauce oder Senf bestreichen und mit Salat, Burger, Speck, Tomate und Zwiebel belegen.

Zeitbedarf: *35 Min.*
Das schmeckt dazu: *Tomatensalat mit Basilikum und ein süffiges Bier*
Pro Portion: *430 kcal*

KALBSLEBER

nach Berliner Vorbild

FÜR 4 PERSONEN
4 Scheiben Kalbsleber
(je 150 – 200 g)
¼ l Milch
4 EL Mehl
200 ml Öl
4 EL Portwein
100 ml Rotwein
1 kleine Chilischote
2 Zweige Thymian
2 EL eiskalte Butter
Salz, Pfeffer
2 Zwiebeln
2 große säuerliche Äpfel
(z. B. Topaz oder Braeburn)
½ Vanilleschote
2 EL Apfelbrand

1 Die Kalbsleberscheiben mit der Milch in eine ausreichend große Schüssel geben und darin 2 – 3 Std. einlegen. Dann den Backofen auf 100° vorheizen.

2 Die Leberscheiben trocken tupfen und mit 2 EL Mehl bestäuben. 2 EL Öl in einer Pfanne erhitzen und die Leber darin zunächst auf der einen Seite nur wenige Min. bei mittlerer Hitze braten, bis auf der oberen Seite Flüssigkeit austritt. Die Scheiben umdrehen und mit der anderen Seite ebenso verfahren. Leber in eine feuerfeste Form geben, im Ofen warm halten.

3 Den Bratansatz in der Pfanne mit Portwein lösen, dann den Rotwein aufgießen. Chili und Thymian waschen und dazugeben. Die Sauce bei mittlerer Hitze ca. 5 Min. einkochen lassen. Dann 1 EL Butter unterschlagen und so die Sauce leicht binden. Mit Salz und Pfeffer abschmecken, Thymian und Chili entfernen und die Sauce über die Leber im Backofen gießen. Die Pfanne sauber auswischen.

4 Die Zwiebeln schälen und in dünne Ringe schneiden, gleichmäßig mit dem übrigen Mehl bestäuben und gut durchmischen. Das restliche Öl in der Pfanne erhitzen, darin die Zwiebeln in 4 – 5 Min. goldbraun frittieren. Auf Küchenpapier abtropfen lassen.

5 Äpfel waschen, entkernen, in dünne Spalten schneiden. Vanilleschote längs aufschneiden und das Mark herauskratzen. Die restliche Butter in der Pfanne schmelzen und darin bei geringer Hitze die Äpfel 2 – 3 Min. dünsten, dabei auch Vanilleschote und -mark zugeben. Zum Schluss mit Apfelbrand aromatisieren.

6 Die Leberscheiben auf Teller geben und die Sauce darüberlaufen lassen. Die Äpfel daneben und die Zwiebeln darüber verteilen.

Zeitbedarf: *50 Min., Einlegzeit: 3 Std.*
Das schmeckt dazu: *Kartoffelpüree und der Rotwein, der auch für die Sauce verwendet wird*
Pro Portion: *460 kcal*

KALBS-SCHNITZEL MIT KARTOFFEL-GURKEN-SALAT

generationenübergreifend

FÜR 4 PERSONEN

FÜR DEN SALAT

800 g vorwiegend festkochende Kartoffeln
Salz, 1 Salatgurke
1 Knoblauchzehe
6 Stängel Minze
250 g Naturjoghurt
4 EL Essig
Pfeffer

FÜR DIE SCHNITZEL

4 große dünne Kalbsschnitzel aus der Oberschale (je 150 g)
50 g Mehl
2 Eier, 1 Schuss Sahne
Salz, Pfeffer
6 Salbeiblätter
130 g Semmelbrösel
200 g Butterschmalz
1 Zitrone

1 Für den Salat Kartoffeln waschen und in kochendem Salzwasser in 25 – 30 Min. bissfest garen. Dann kurz ausdampfen lassen, pellen und in nicht zu dünne Scheiben schneiden, in eine Schüssel füllen.

2 Gurke schälen, längs halbieren und mit einem Löffel die Kerne herausschaben. Die Gurke quer in dünne Scheiben schneiden. Den Knoblauch schälen und fein hacken. Minze abbrausen und trocken schütteln, die Blättchen von den Stängeln zupfen und fein hacken. Alles zu den Kartoffeln in die Schüssel geben. Joghurt mit Essig, Salz und Pfeffer verrühren und ebenfalls zu den Kartoffeln geben. Die Salatzutaten vermischen und ein wenig durchziehen lassen.

3 Inzwischen die Schnitzel nacheinander mit Frischhaltefolie abdecken und mit der Pfanne oder einem Plattiereisen schön dünn klopfen. Drei tiefe Teller bereitstellen. In den ersten Teller kommt das Mehl. Im zweiten Teller Eier und Sahne verquirlen, mit Salz und Pfeffer würzen. Salbei fein hacken und ebenfalls unterquirlen. Semmelbrösel in den dritten Teller geben.

4 Jedes Kalbsschnitzel nun zunächst im Mehl wenden und beim Herausheben leicht abklopfen. Dann die Schnitzel mit beiden Seiten durch die Eier ziehen, bevor man sie in den Semmelbröseln wendet.

5 Butterschmalz in einer großen tiefen Pfanne schmelzen. Darin die Schnitzel bei mittlerer Hitze von jeder Seite in ca. 3 Min. goldbraun backen. Die Schnitzel sollen im Schmalz schwimmen, dann werden sie am besten. Auch immer wieder mit dem Fett übergießen. Am Ende die Schnitzel herausnehmen und auf Küchenpapier kurz abtropfen lassen.

6 Kartoffel-Gurken-Salat und die Kalbsschnitzel auf Teller verteilen. Die Zitrone vierteln und dazu reichen, sodass sich jeder etwas Saft über sein Schnitzel träufeln kann.

Zeitbedarf: *50 Min., Garzeit: 30 Min.*
Das schmeckt dazu: *ein Pils oder ein Weißburgunder*
Pro Portion: *970 kcal*

ZWIEBELROST-BRATEN

der ganze Stolz der Schwaben

FÜR 4 PERSONEN
4 Rumpsteaks (mit Fettrand, je 200 g)
Pfeffer, 50 ml Raps- oder Erdnussöl
500 g Zwiebeln, 1 EL Mehl
8 Strauchtomaten (mit den Rispen)
2 EL Olivenöl, 2 Knoblauchzehen
je 2 Zweige Thymian und Rosmarin
Salz

1 Den Fettrand der Rumpsteaks mit einem scharfen Messer an 3 – 4 Stellen ein-, aber nicht durchschneiden, damit sich das Fleisch beim Braten nicht wölbt. Die Steaks kräftig pfeffern und gleichmäßig mit 1 – 2 EL Raps- oder Erdnussöl bestreichen. 20 Min. ruhen lassen.

2 Backofen auf 100° vorheizen. Die Zwiebeln schälen und in Ringe schneiden, im besten Fall sogar auf einer Mandoline hobeln, damit sie schön gleichmäßig dünn werden.

3 In einer großen Pfanne das restliche Raps- oder Erdnussöl erhitzen. Darin die Zwiebeln unter Rühren 6 – 8 Min. kräftig braten, bis sie goldbraun sind. Gleichmäßig mit dem Mehl bestäuben und kurz weiterbraten, die Zwiebeln werden dadurch schön kross. Die Zwiebeln aus der Pfanne nehmen und zum Abtropfen auf Küchenpapier geben. Nach ca. 2 Min. in eine hitzebeständige Schüssel umfüllen und in den Backofen stellen.

4 In der Pfanne die Rumpsteaks von jeder Seite 3 Min. braten. Anschließend die Steaks zum Nachgaren für 15 Min. ebenfalls in den Backofen stellen. Garprobe: Beim Druck mit dem Finger auf das Steak sollte das Fleisch in etwa so nachgeben wie beim Druck auf die eigene Nasenspitze.

5 Inzwischen die Tomaten waschen und dicht nebeneinander in einen kleinen Topf setzen, erhitzen und das Olivenöl darübergeben. Ungeschälten Knoblauch andrücken, Kräuter abbrausen und trocken schütteln, beides in den Topf legen. Deckel schließen und die Tomaten bei geringer Hitze ca. 5 Min. schmoren, bis die Haut platzt. Mit Pfeffer und Salz würzen.

6 Die fertigen Rumpsteaks salzen und nachpfeffern, die krossen Zwiebeln darauf anrichten. Mit den Schmortomaten servieren.

Tipp: Wer gerne Sauce zum Rostbraten mag, löscht einfach den Bratansatz in der Pfanne mit Rotwein oder Portwein ab und lässt die Flüssigkeit kurz aufwallen. Mit Salz und Pfeffer würzen. 1 – 2 TL Speisestärke mit 2 EL kaltem Wasser verrühren und die Sauce damit binden.

Zeitbedarf: *45 Min.*
Das schmeckt dazu: *Spätzle*
Pro Portion: *470 kcal*

RINDER-ROULADEN

raffiniert gefüllt

FÜR 4 PERSONEN

4 Rinderrouladen (je 150 g)
1 säuerlicher Apfel (z. B. Braeburn)
3 getrocknete Tomaten (in Öl)
2 EL kleine Kapern
Salz, Pfeffer
1 TL edelsüßes Paprikapulver
1 TL Honig
2 EL Crème fraîche
1 EL scharfer Senf
1 Zwiebel
2 Knoblauchzehen
150 g gegarte Rote Beten (vakuumverpackt)
2 Möhren
2–3 EL Öl
2 EL Mehl
2 EL Tomatenmark
400 ml Apfelsaft
200 ml Rotwein
4–5 Zweige Thymian

1 Die Rouladen auf der Arbeitsfläche auslegen, nacheinander mit Frischhaltefolie abdecken und mit der Pfanne oder einem Plattiereisen leicht klopfen – aber nicht so kräftig wie etwa beim Schnitzel.

2 Für die Füllung Apfel schälen, vierteln, entkernen und in kleine Würfel schneiden. Die Tomaten fein würfeln. Beides mit den Kapern in eine Schüssel geben und vermengen. Mit Salz, Pfeffer und Paprikapulver würzen, den Honig und die Crème fraîche untermischen, abschmecken.

3 Jede Fleischscheibe auf einer Seite mit Senf bestreichen und mit Salz und Pfeffer würzen. Die Füllung so aufstreichen, dass am Rand links und rechts noch ein Streifen Fleisch frei bleibt. Dann die Rouladen von einer Schmalseite her aufrollen und dabei die Seiten nach innen einklappen, damit die Füllung nicht herausfallen kann. Roulade beiseitestellen.

4 Die Zwiebel und den Knoblauch schälen und in feine Würfel schneiden. Die Rote Beten klein würfeln, die Möhren schälen und ebenfalls klein würfeln.

5 In einem weiten Schmortopf das Öl erhitzen. Darin die Rouladen mit der Naht nach unten anbraten – so zieht sich das Fleisch an der richtigen Stelle sofort zusammen und Sie brauchen es nicht mit Küchengarn zu binden. Dann die Rouladen rundherum anbraten, herausnehmen.

6 Zwiebel, Knoblauch, Rote Beten und Möhren in Topf geben und anbraten. Mit Mehl bestäuben, umrühren und das Tomatenmark untermischen. Das Gemüse kurz braten, damit es schön trocken wird. Mit Apfelsaft und Rotwein ablöschen, den Thymian abbrausen und dazugeben.

7 Die Rouladen in den Schmorsud setzen. Deckel auflegen und die Rouladen bei geringer Hitze mindestens 2 Std. schmoren lassen, bis sie schön weich sind. Am Ende der Garzeit das Fleisch herausnehmen und die Sauce bei starker Hitze kurz einkochen.

Zeitbedarf: *40 Min., Garzeit: 2 Std.*
Das schmeckt dazu: *Selleriegemüse, Salzkartoffeln und ein fruchtiger Merlot*
Pro Portion: *335 kcal*

MÖCHTE MAN DA NICHT
SOFORT LOSLEGEN?

KRUSTENSCHWEINEBRATEN MIT DUNKELBIERSAUCE

umwerfend aromatisch

Ein bayerisches Nationalgericht, welches in Teilen variiert werden kann, im Grundsätzlichen aber ein Standard ist. Entscheidend für das Gelingen sind vor allem drei Dinge: die Wahl des richtigen Bratenstücks (auf keinen Fall zu mager), eine lange Garzeit bei nicht zu heißer Temperatur – und der richtige »Knack« für die Schwarte.

FÜR 6 PERSONEN

1½ kg Schweinefleisch (mit Schwarte)
Salz, Pfeffer
1 TL edelsüßes Paprikapulver
2 TL Kümmelsamen
1 Stück Ingwer (etwa walnussgroß)
200 g Petersilienwurzeln
2 Möhren
2 Zwiebeln
5 Knoblauchzehen
200 ml Kalbsfond oder Fleischbrühe
½ Flasche dunkles Bier oder Starkbier

1 Backofen auf 160° vorheizen. Die Schwarte des Schweinefleischs mit einem Cuttermesser rautenförmig einschneiden, dabei nicht in das Fleisch schneiden (oder dies den Metzger erledigen lassen). Fleisch und Schwarte rundherum mit Salz, Pfeffer, Paprika und Kümmel einreiben. Ingwer schälen, fein hacken und damit ebenfalls das Fleisch einreiben.

2 In einer Bratreine oder einem großen, eher flachen Topf fingerhoch Wasser erhitzen und darin den Braten mit der Schwarte nach unten 1 Min. köcheln lassen. Fleisch herausnehmen, das Wasser abgießen und das Fleisch mit der Schwarte nach oben wieder in die Reine setzen.

3 Die Petersilienwurzeln und Möhren schälen und in grobe Stücke schneiden. Zwiebeln halbieren, aber nicht schälen. Die ungeschälten Knoblauchzehen mit der flachen Seite eines großen Kochmessers leicht andrücken, sodass die Häute aufplatzen.

4 Gemüse, Zwiebeln und Knoblauch zum Fleisch geben und Fond oder Brühe angießen. Reine in den Ofen schieben (Mitte) und den Schweinebraten im Laufe der nächsten 2½–3 Std. alle 20 Min. mit dem Bratsaft begießen. Erst für die letzten 30 Min. das Bier angießen und in den letzten 5 Min. die Schwarte bei 200° unter dem Ofengrill knusprig braten.

5 Braten aus dem Ofen nehmen, kurz ruhen lassen und in nicht zu dicke Scheiben schneiden. Aus der Sauce Zwiebeln und Knoblauchzehen herausfischen, in ein Schälchen legen. Die Sauce wird traditionell nicht gebunden, allenfalls kann man das Gemüse in der Sauce pürieren, um mehr Sämigkeit zu erhalten.

6 Den Schweinebraten und die Sauce servieren. Wer mag, drückt sich die Knoblauchzehen auf dem Fleisch aus und isst auch die herrlich geschmorten Zwiebeln einfach mit dazu.

Es gibt Köche (und Esser), die bei diesem Braten einen möglichst großen Fleischanteil bevorzugen und daher entweder die Schulter oder sogar ein Keulenstück nehmen. Im Original entscheidet man sich viel eher für den Schweinebauch, dessen Fettanteil viel an Geschmack rüberbringt. Mit Pils statt dunklem Bier wird der Braten übrigens misslingen – es bringt zu viel Bitterstoffe in die Sauce. Bindemittel wie Speisestärke oder eine Mehlschwitze haben in der Sauce rein gar nichts verloren.

Ohne Petersilienwurzel würde etwas fehlen

Zeitbedarf: *30 Min., Garzeit: 3 Std.*
Das schmeckt dazu: *Kartoffelknödel oder Semmelknödel und Krautsalat – und natürlich ein bayerisches Bier!*
Pro Portion: *695 kcal*

WÜRZIGER LAMMBRATEN

... der saftig bleibt!

FÜR 6 PERSONEN
1 Lammkeule (ca. 1,8 kg, mit Knochen)
10 Knoblauchzehen
2 Stängel Salbei
4 – 6 Zweige Rosmarin
15 Zweige Thymian
4 Stängel Minze
2 Bio-Zitronen, 4 EL Olivenöl
Salz, Pfeffer
½ l Rotwein, 2 TL Butter
2 EL Aceto balsamico

1 Die Lammkeule parieren, also rundherum von den Sehnen und Häuten befreien.

2 Knoblauch schälen und in nicht zu dünne Stifte schneiden. Mit einem kleinen spitzen Messer in die Keule 30 – 40 kleine Taschen von 3 – 4 cm Tiefe stechen und dort die Knoblauchstifte hineinstecken.

3 Kräuter abbrausen und trocken schütteln, die Blättchen von den Zweigen zupfen und fein hacken. Die Zitronen heiß waschen, abtrocken und mit den Handflächen auf der Arbeitsfläche mit Druck rollen, damit der Saft sich innen löst. Die Schale dünn abschälen oder mit dem Zestenreißer dünne Streifen abziehen und fein hacken. Den Saft auspressen. Alles mit dem Olivenöl verrühren.

4 Die Lammkeule rundherum mit Salz und Pfeffer einreiben und dann mit dem Kräuteröl bestreichen. Den Backofen auf 80° stellen und die Keule auf einem Backblech einschieben (Mitte). Einen Kerntemperaturfühler in die dickste Stelle der Keule einstechen. Den Rotwein angießen.

5 Die Keule im Ofen in ca. 3 Std. auf eine Kerntemperatur von knapp 60° bringen, dann ist das Fleisch wunderbar rosa und zart. Das Blech aus dem Ofen nehmen und den Bratensaft in einen Topf gießen. Die Keule zurück in den Ofen schieben und warm halten.

6 Den Bratensaft bei starker Hitze 3 – 4 Min. einkochen lassen. Die Butter unterschlagen und die Sauce mit dem Balsamico aromatisieren. Die Lammkeule in Scheiben schneiden und mit der Sauce servieren.

Für ein Gericht wie dieses ist die Anschaffung eines Kerntemperaturmessers absolut nützlich. Es gibt sie analog und digital im Haushaltswarengeschäft. Immer mittig in die dickste Stelle des Fleisches stechen.

Zeitbedarf: *30 Min., Garzeit: 3 Std.*
Das schmeckt dazu: *klassisch gut sind grüne Bohnen und ein Spätburgunder*
Pro Portion: *685 kcal*

80-GRAD-SAUERBRATEN

wird butterzart

FÜR 6 PERSONEN
1½ kg Rinderschulter
2 Möhren
1 Petersilienwurzel
150 g Knollensellerie
2 Zwiebeln, 1 Stange Lauch
1 TL Salz
3 Lorbeerblätter
4–5 Pimentkörner
3 Nelken
10–12 Pfefferkörner
4–6 Wacholderbeeren
½ l trockener Rotwein
300 ml guter Weinessig
3 TL Butter, 100 g Sahne
50 g Sultaninen
70 g Pumpernickel

1 Das Fleisch waschen, mit Küchenpapier trocken tupfen und in einen wiederverschließbaren Gefrierbeutel (3 l) legen.

2 Die Möhren, die Petersilienwurzel, den Sellerie und die Zwiebeln schälen und grob würfeln. Den Lauch der Länge nach aufschneiden, waschen, putzen und in Ringe schneiden. Alles zum Fleisch in den Beutel geben, ebenso das Salz und die Gewürze.

3 Den Rotwein und den Essig zum Fleisch füllen und dann den Beutel so zusammendrücken, dass möglichst wenig Luft zurück bleibt. Den Beutel gut verschließen und für 10–14 Tage in den kühlsten Bereich des Kühlschranks legen.

4 Dann 2 Tage vor dem geplanten Essen den Beutelinhalt in einen Bräter füllen und in den Backofen (Mitte) stellen. Den Backofen auf 80° einstellen und den Rinderbraten 15–18 Std. (am besten über Nacht) ganz sanft garen, bis er schön zart ist.

5 Das Fleisch nun aus der Brühe heben, ausdampfen lassen und abgekühlt gut in Alufolie einwickeln. Bis zum nächsten Tag im Kühlschrank aufbewahren.

6 Die Brühe durch ein feines Sieb in einen großen Topf gießen und auf dem Herd bei starker Hitze 15 Min. einkochen lassen. Zum Schluss noch die Butter in Flöckchen unterschlagen und die Sahne unterrühren. Abkühlen lassen, kalt stellen.

7 Rund 1 Std. vorm Essen Fleisch aus dem Kühlschrank holen, in Scheiben schneiden und in den Topf mit der Sauce legen. Die Fleischscheiben langsam in der Sauce erwärmen. Für die letzten 5 Min. Sultaninen und zerbröselten Pumpernickel dazugeben.

Früher hat man Fleisch eingelegt, um es mürber zu machen. Heute ist es eher der geschmackliche Aspekt, der im Vordergrund steht. Und bei unserer Garmethode braucht es vor allem: Zeit! Wundern Sie sich also nicht über die Marinierzeit von 2 Wochen – ist das Fleisch komplett von Marinade umhüllt und luftdicht verschlossen, gehen auch bedenkenlos 3 Wochen.

Zeitbedarf: *30 Min., Marinierzeit: 10–14 Tage, Garzeit: 15–18 Std.*
Das schmeckt dazu: *Rotkohl und Kartoffelklöße*
Pro Portion: *645 kcal*

GESCHMORTE KALBSBÄCKCHEN

unendlich zart

FÜR 4 PERSONEN
4 Kalbsbäckchen (je ca. 250 g, beim Metzger vorbestellen)
2 Möhren, 100 g Pastinaken
1 Zwiebel, 4 Knoblauchzehen
2 EL Butterschmalz
Salz, Pfeffer
1–2 EL Tomatenmark
1 EL Mehl
150 ml Portwein, ½ l Rotwein
2 Zweige Rosmarin
3–4 Salbeiblätter
1 Handvoll Holunderbeeren (ersatzweise Cranberrys)
abgeriebene Schale von 1 Bio-Zitrone
2 EL eiskalte Butter

1 Von den Kalbsbäckchen nur das grobe Fett wegschneiden. Das Fleisch für ca. 30 Min. in kaltes Wasser einlegen, danach mit Küchenpapier gut trocken tupfen. Inzwischen Möhren, Pastinaken und Zwiebel schälen und klein würfeln. Die Knoblauchzehen ungeschält andrücken. Den Backofen auf 80° vorheizen.

2 Das Schmalz in einem Bräter schmelzen und die Bäckchen darin rundherum nicht zu scharf anbraten. Aus dem Bräter nehmen und durch Gemüsewürfel und Knoblauch ersetzen. Kurz anrösten, salzen, pfeffern. Wenn der Bratansatz trocken ist, Tomatenmark dazugeben und alles 1 Min. unter Rühren weiterrösten. Mit Mehl bestäuben, gut durchmischen und mit dem Portwein ablöschen. Mit einem Schaber den Bratansatz vom Boden lösen.

3 Kalbsbäckchen auf das Gemüse setzen und den Portwein fast völlig einkochen lassen. Rotwein angießen und kurz mitkochen. Kräuter und Holunderbeeren waschen und mit der Zitronenschale zum Gemüse geben. Den Bräter mit geschlossenem Deckel in den Ofen (Mitte) stellen und dort die nächsten 10–20 Std. auch belassen – diese lange Garzeit lässt die Bäckchen besonders zart und mürbe werden.

4 Das Fleisch aus dem Bräter nehmen und warm stellen. Die Kräuterzweige und -blätter entfernen und die Sauce bei starker Hitze 6–8 Min. einkochen. Dann die Butter in Flöckchen unterschlagen. Die Sauce mit den Bäckchen servieren.

Der Trick bei diesem Gericht ist, über die lange Gardauer bei niedriger Temperatur das Bindegewebe so zu lockern, dass das Fleisch sich mit der Zunge im Mund zerdrücken lässt.

Zeitbedarf: *1 Std., Garzeit: 20 Std.*
Das schmeckt dazu: *Kartoffelpüree, nach Wunsch verfeinert mit Koriandergrün, dazu ein spanischer Tempranillo*
Pro Portion: *510 kcal*

SCHÄUFELE IM BROTTEIG

ein leckeres Versteck

FÜR 8 PERSONEN

FÜR DEN BROTTEIG
1 Würfel Hefe (42 g)
500 g Weizenmehl (Type 405)
+ etwas mehr zum Arbeiten
500 g Roggenmehl (Type 1150)
2 TL Salz

FÜR DAS SCHÄUFELE
1 großes Bund Suppengrün
1 Zwiebel, 3 Nelken, Salz
1 TL schwarze Pfefferkörner
4 Pimentkörner
2 Lorbeerblätter
5 Zweige Thymian
1½ kg Schäufele (geräucherte und gepökelte Schweineschulter)
2–3 Stängel gemischte Gartenkräuter (z. B. Thymian, Petersilie, Oregano)
2 EL mittelscharfer Senf
250 g Bratwurstbrät

1 Für den Brotteig die Hefe in 5–6 EL lauwarmes Wasser bröckeln und unter Rühren darin auflösen. Dann mit dem Mehl, dem Salz und ½ l lauwarmem Wasser in eine Schüssel geben und mit den Knethaken des Handrührgeräts oder in der Küchenmaschine zu einem glatten Teig verkneten, der sich gut vom Schüsselrand löst. Zugedeckt an einem warmen Ort 1 Std. ruhen lassen.

2 Inzwischen fürs Schäufele das Suppengrün schälen oder putzen und waschen und grob zerkleinern. Zwiebel schälen und mit den Nelken spicken. Beides mit 2 l Wasser, Salz, Pfeffer- und Pimentkörnern, Lorbeerblättern und dem abgebrausten Thymian in einen großen Topf geben und zum Kochen bringen. Schäufele einlegen und zugedeckt 30 Min. bei geringer Hitze ziehen lassen – nicht brodelnd kochen!

3 Schäufele aus der Brühe heben, abtropfen und ein wenig abkühlen lassen. Die gemischten Kräuter abbrausen und trocken schütteln, Blättchen abzupfen, fein hacken und mit dem Senf vermischen. Mit der Paste das Schäufele rundherum einstreichen.

4 Backofen auf 230° vorheizen. Brotteig auf der bemehlten Arbeitsfläche viereckig so groß ausrollen, dass er das Schäufele ganz umhüllen kann. Beim Ausrollen des Teigs darauf achten, dass die Stelle, auf der das Schäufele später liegt, nicht zu dünn wird, da es sonst den Teig durchdrückt.

5 In der Teigmitte einen Teil des Bräts verstreichen, darauf das Schäufele legen. Den Rest des Bräts auf dem Schäufele verstreichen. Teig nun so um das Fleisch formen, dass ein geschlossener Brotlaib entsteht. Auf ein mit Backpapier ausgelegtes Blech setzen und im Ofen (unten) ca. 50 Min. backen, bis das Brot knusprig und das Fleisch gar ist. Machen Sie zum Test die Klopfprobe am Brotboden: Hört es sich hohl an, ist der Teig auch innen durchgebacken.

Zeitbedarf: *1 Std. 20 Min., Backzeit: 50 Min.*
Das schmeckt dazu: *eine große Schüssel Salat und als Hommage an die schwäbisch-badische Herkunft des Gerichts trinkt man dazu einen Trollinger oder Spätburgunder*
Pro Portion: *785 kcal*

AUCH MODERNE WINZER SIND TIEF VERWURZELT

4 FRAGEN AN GERD FAUBEL

Weingut Faubel, Maikammer

WAS IST HEUTE DIE GRÖSSTE HERAUSFORDERUNG FÜR EINEN DEUTSCHEN WINZER?
Die eigene Positionierung zu finden und sich als Typ / Gesicht / Marke zu präsentieren. Sich am Markt auch gegen die Konkurrenz aus aller Welt zu behaupten.

WOHIN GEHT DER TREND BEIM WEINLIEBHABER?
Hin zum frischen, fruchtigen Trinkspaß mit Nachhaltigkeit, es ist weniger der akademische Weingenuss. Und man schaut genauer hin bei Preis und Qualität.

WO LIEGEN DIE WIRKLICHEN VERÄNDERUNGEN IM VERGLEICH ZU VOR 20 JAHREN?
Die Qualitätsdichte ist gestiegen, enger geworden, die Medien sind präsenter und auch die Vermarktungsstrukturen haben sich verändert. Und das Kaufverhalten der Kunden ist anders geworden: Man braucht mehr Kunden, weil der einzelne weniger kauft. Der Kuchen bleibt gleich, die Stücke werden kleiner.

WAS SIND DIE STÄRKEN DES DEUTSCHEN WEINS?
Die Stärken liegen eindeutig bei weißen Klassikern, die geprägt sind von feinem Fruchtspiel, Mineralik, Nachhaltigkeit, Dichtigkeit und Gaumendruck. Riesling kann eh keiner so wie Deutschland. Bei den Rotweinen liegt das größte Potenzial beim klassischen Spätburgunder.

DEUTSCHER WEIN RELOADED

auf der überholspur

Man könnte es sich furchtbar einfach machen und sagen: Deutscher Wein hatte bis vor rund 100 Jahren mal einen absoluten Weltruf für edelsüße Gewächse (also für Beerenauslesen, Trockenbeerenauslesen und Eisweine), und er ist auch jetzt wieder international top. Dazwischen ödes Niemandsland. Das wäre sehr hart und würde so manchen Erzeugern nicht wirklich gerecht werden – träfe aber dennoch im Grundtenor zu. Gehen wir mal zurück in die Zeit der übelsten Sünden, von den 1960er bis in die frühen 1980er Jahre. Erlaubt war damals etwa die »Nassverbesserung«, ein Verfahren, bei dem in hohem Maße Zucker hinzugefügt werden durfte, um die Säure zu drücken und die Süße besser zur Geltung zu bringen. Die Außendarstellung mittels »Liebfrauenmilch« und »Blue Nun« tat das ihre, um den Ruf des deutschen Weins für die nächsten 30 Jahre komplett zu ruinieren.

ALLES AUF NEUSTART

Schnitt. Heute steht der deutsche Weinbau qualitativ hervorragend da. Rieslinge, weiße und graue Burgunder sowie Spätburgunder können, zumindest im Spitzenbereich, international nicht nur mithalten. Im Falle des Rieslings gibt es kein Erzeugerland auf der ganzen Welt, welches uns die führende Rolle streitig machen könnte. Deutscher Riesling – hier vereinen sich die Vorzüge eines relativ kühlen Anbaugebiets mit der Tradition und dem Wissen um das Tun. Wenn ich heute ins Ausland reise, habe ich stets ein paar Flaschen deutschen Riesling im Gepäck, weil ich genau weiß, wie sehr das von ausländischen Winzern, Sommeliers oder Hoteliers geschätzt wird.

MEHR ALS NUR EIN GETRÄNK

Woher der Wandel? Im Grunde ist das ganz leicht nachzuvollziehen. Bis auf die paar hochwertigen Weingüter, die schon vor 150 Jahren zumeist an der Mosel und entlang des Rheins echte Qualität produziert haben, war Wein bei uns ein eher bäuerlicher, säuerlicher Trunk. Man löschte damit den Durst, mischte den Wein gerne mit Wasser, machte sich einfach keinen Kopf. Oft liefen die Rebzeilen mit im Gemischtbetrieb, da war ja auch noch Vieh da, galt es die Kartoffeln, Gemüse und Obst einzuholen. Noch vor 30 Jahren war es für einen Winzer sicherlich nicht leicht, eine Frau auf den Hof zu locken, die mit all dem zunächst mal nichts am Hut hatte.

Heute sehen wir ein ganz anderes Bild. Wein ist »in«, Wein ist sexy, Wein ist in der gesellschaftlichen Mitte angekommen. Wer einen Geschäftspartner zum Essen einlädt und sich in puncto Wein null auskennt, hat definitiv ein echtes Defizit. Die »Prowein« in Düsseldorf, eine reine Fachbesucherveranstaltung, hat sich nach kleinsten Anfängen in Frankfurt zur größten Weinmesse der Welt gemausert. Die

internationale Weinelite steht Schlange, um sich hier zu präsentieren. Die vollste und die begehrteste Halle? Die deutsche natürlich!

WISSENSCHAFT UND TRADITION

Früher war es einfach so, dass man als nachrückender Winzer von der altvorderen Generation gelernt hat. Dem Vater, dem Onkel, dem Opa. Und als Grundtenor galt: Das haben wir schon immer so gemacht. Inzwischen treibt sich der Nachwuchs in der ganzen Welt herum, geht nach Südafrika, Kalifornien, ins Burgund, ins Bordelais oder nach Neuseeland. Winzer ist nicht nur mehr ein Ausbildungsberuf, sondern kann auch studiert werden. Weingüter haben nicht mehr nur Traditionen, sie haben Philosophien. Es könnte einem wahrlich schon ganz bange werden. Aber: Alles wurde besser. Die alten, muffigen Keller wurden rundum entrümpelt, die verstaubten Dogmen hinterfragt. Oh nein, nicht einfach weggeworfen. Was sich als gut erwiesen hat, wurde und wird weiter gepflegt. Tiefe Keller an der Mosel oder an der Saar, kalt und feucht, trotzen Gott sei Dank auch jetzt noch jedweder widersinnigen Modernisierung.

IMMER WEITER NACH VORNE

Der Knackpunkt ist, dass heutzutage die Stellschrauben bekannt sind. Wenn ich im Weinberg draußen keine gute Arbeit leiste, dann habe ich drinnen keine Chance, etwas Hochwertiges zu erzielen. Sauberkeit ist Trumpf. Das hat nichts mit Sterilität zu tun, sondern mit der Erweiterung der Möglichkeiten. Ob Edelstahltank, großes Holzfass oder kleines Barrique – die Weinmacher der neuen Generationen spielen die ganze Klaviatur so selbstverständlich wie variabel. Es gibt nicht mehr nur eine Handvoll Top-Winzer im Land, die Breite in der Spitze ist enorm. Und beständig rücken junge, aufstrebende Winzer nach, machen den

NACH DEM HERBST IST VOR DEM HERBST

Etablierten richtig Dampf und Druck. Innehalten, zufrieden sein? Damit hat man schon Boden verloren. Jeder sucht sich mittlerweile sein Alleinstellungsmerkmal. Muss es auch tun. Die besondere Lage mit den außergewöhnlichen Bodengegebenheiten. Rebsorten, mit denen man sich unterscheiden kann. Es führt aber dazu, dass immer wieder weiter gedacht wird. Mal vorwärts, mal rückwärts. Aber weiter. Und das ist prima für das Weinland Deutschland.

BESSERES HOLZ, BESSERER WEIN

Gut festmachen kann man das an den Ausbaumethoden für die Weine im Keller. Bis in die 1980er Jahre hinein war es in Deutschland, ganz anders als etwa in Frankreich, nicht üblich, den Wein in kleinen Holzfässern, den sogenannten Barriques (zu 225 / 228 l Fassungsvermögen) zu lagern. Inzwischen ist der Standard so weit, dass die Winzer auch hierzulande gezielt Holzfässer unterschiedlichster Größen, Holzherkünfte, Fassröstungen usw. einsetzen, um ihren Weinen den letzten Kick zu geben. Doch, doch: All dies kann man schmecken, und es macht einen gewaltigen Unterschied aus, ob ich einen Spätburgunder in ein mittel ausgeflammtes französisches Eichenfass lege oder in ein leicht geröstetes aus Kalifornien. Übrigens bewirkt die Reifung im Holz, dass sich der Wein über die Mikrooxidation durch die Poren des Fasses harmonischer entwickelt und ein höheres Reifepotenzial besitzt.

WEINZWERG GANZ GROSS

Im Vergleich zu den großen Weinbaunationen Spanien, Italien und Frankreich ist Deutschland allerdings ein echter Zwerg. Aber einer mit Klasse. Um unsere Rieslinge beneidet uns die gesamte Weinwelt, kaum woanders geraten sie so lebendig und dicht im trockenen Bereich, so elegant, lange und verspielt, sobald Restsüße dabei ist. Und gerade das gekonnte Zusammenwirken von der Süße der Trauben mit einer gleichzeitig markanten Säure funktioniert nirgends besser als an Rhein, Nahe, Saar und Mosel sowie auch in der Pfalz. Namen wie Bürklin-Wolf, J. J. Prüm, Keller, Egon Müller, Emrich-Schönleber, Molitor, Fritz Haag oder Robert Weil genießen einen Ruf wie Donnerhall. Doch beim Spätburgunder muss man sich ebenfalls vor internationalen Vergleichen nicht mehr scheuen, dafür haben an vorderster Front Fritz Becker, Paul Fürst oder Bernhard Huber gesorgt. Wahre Ikonen, an denen sich der Nachwuchs orientiert.
Menschen, die professionell Weine und Weingüter bewerten (so wie auch ich), sehen sich daher einer wahren Flut an Winzern gegenüber, die bislang unscheinbare Betriebe in ganz neue Höhen führen. Könnte man etwas Besseres sagen über die qualitative Entwicklung deutschen Weins in nur einer Generation?

HÜHNER-FRIKASSEE

schnell gemacht

FÜR 4 PERSONEN
4 Hähnchenbrust-filets (ca. 800 g)
2 Möhren
400 ml Geflügelfond
150 ml Weißwein
1 Lorbeerblatt
6 Wacholderbeeren
250 g Champignons
1 EL Butter
1 EL Mehl
50 g Sahne
Salz, Pfeffer
1 Msp. Currypulver
Saft von ½ Zitrone
150 g TK-Erbsen (angetaut)

1 Die Hähnchenbrustfilets waschen und trocken tupfen, die Sehnen und die Haut entfernen. Die Möhren schälen und in grobe Würfel schneiden.

2 In einem Topf den Fond, den Wein und 150 ml Wasser erhitzen, das Lorbeerblatt und die Wacholderbeeren dazugeben. Filets und Möhren einlegen und in ca. 15 Min. sanft gar köcheln lassen. Hühnerbrüste herausheben, kurz abkühlen lassen. Die Möhren in ein Sieb abgießen, die Brühe auffangen.

3 Champignons putzen und in dünne Scheiben, Viertel oder Achtel schneiden. In einem Topf die Butter schmelzen und das Mehl mit einem Schneebesen glatt einrühren. Kurz anziehen lassen, dann mit ca. ½ l der Brühe ablöschen, wieder unter Rühren. Die Sahne angießen und die Sauce mit Salz, Pfeffer, Curry und dem Zitronensaft abschmecken.

4 Das Hähnchenfleisch klein würfeln und mit Möhren (ohne die Gewürze), Erbsen und den Champignons zur Sauce geben. Noch kurz erhitzen, bis die Erbsen gar sind.

Zeitbedarf: *25 Min., Garzeit: 15 Min.*
Das schmeckt dazu: *Reis (beim Kochen mit Zitronengras aromatisiert)*
Pro Portion: *365 kcal*

BRATHÄHNCHEN

mit Zitrusdreh

FÜR 4 PERSONEN
1 Huhn (von 1a-Qualität, ca. 1,7 kg)
2 Bio-Limetten
2 EL Olivenöl
Salz, Pfeffer
1 TL Cayennepfeffer

1 Den Backofen auf 180° vorheizen. Das Huhn innen und außen gründlich waschen und mit Küchenpapier trocken tupfen. Mit den Fingern oder mit einem Kochlöffel ganz vorsichtig unter die Haut von Brust und Oberschenkeln fahren und so die Haut vom Fleisch ablösen.

2 Die Limetten heiß waschen und abtrocken. 1 Limette in 8 dünne Scheiben schneiden, dabei die Endstücke entsorgen. Die zweite Limette mit den Handballen fest über die Arbeitsfläche rollen und dann mit einem kleinen Messer oder mit einem Spieß ca. 20 mal einstechen. Die Limettenscheiben unter die Schenkel- und Brusthaut schieben.

3 Das Huhn mit ein wenig Olivenöl einreiben, innen und außen gut salzen und pfeffern, außen auch mit Cayennepfeffer einreiben. Die eingestochene Limette in den Bauch des Huhns schieben und die Bauchöffnung mit Küchengarn oder Zahnstochern verschließen.

4 Das Huhn in eine Bratreine setzen und im Ofen (Mitte) in ca. 45 Min. gar braten, dabei alle 10 Min. mit Olivenöl bepinseln. Temperatur auf 230° hochschalten und die Hühnerhaut in weiteren 15 Min. knusprig braun werden lassen.

Tipp: Natürlich ist es immer ein geschmacklicher Unterschied, ob ich etwas mit Zitrone, Limette oder Orange mache. Bei diesem Rezept freilich ist die Frucht an sich nicht das Entscheidende – vielmehr geht es um Feuchtigkeit, Säure und / oder Süße. Je nach Laune lässt sich das also wunschgemäß und variabel gestalten.

Zeitbedarf: *20 Min., Garzeit: 1 Std.*
Das schmeckt dazu: *gebackene Kartoffelschnitze und ein gemischter Salat*
Pro Portion: *565 kcal*

DAS GEHT ECHT
UNTER DIE HAUT!

GEFÜLLTE GANS
FÜR FESTTAGE

Da kann garantiert keiner widerstehen!

Gefüllte Gans ist nichts für alle Tage, die gibt es nur zu festlichen Anlässen, obwohl die Zubereitung einfach ist. Was Sie benötigen, ist eine Bauerngans, die gutes Futter und reichlich Auslauf hatte. Und Sie brauchen Zeit.

FÜR 8 PERSONEN
1 Bauerngans (ca. 4 kg)
3 altbackene Brötchen
800 g Esskastanien (Maronen, vorgegart und tiefgekühlt oder vakuumverpackt)
2 Mandarinen
1 großer Apfel
Salz, Pfeffer
400 ml Hühnerfond
2 TL edelsüßes Paprikapulver
1 Stange Lauch, 3 Möhren
2 Petersilienwurzeln
2 Zwiebeln
2 Stängel Beifuß
2 Stängel Majoran
2 EL Öl
200 ml Weißwein

1. Die Bauerngans innen und außen waschen und mit Küchenpapier gut trocken tupfen. Den Hals und die Flügel abtrennen, grob hacken und beiseitestellen.

2. Die Brötchen in Wasser einweichen, nach 2 Min. ausdrücken, grob zerzupfen und in eine Schüssel geben. Die Kastanien (TK-Ware vorher auftauen lassen) dazugeben. Mandarinen schälen und in die einzelnen Segmente teilen. Apfel waschen, eventuell schälen, vierteln und entkernen. Apfel grob würfeln und mit den Mandarinen zum Brötchen geben. Salzen und pfeffern, 100 ml Hühnerfond dazugießen. Den Backofen auf 120° vorheizen.

Manchmal darf es ruhig auch ein wenig üppiger sein

3. Gans innen und außen salzen und pfeffern, außen auch mit dem Paprikapulver einreiben. Den Bauch mit der Brötchenmischung füllen und mit Küchengarn zunähen oder mit Zahnstochern zustecken. Die Gans in eine Bratreine setzen und den übrigen Fond angießen. Im Ofen (Mitte) ca. 5 Std. braten, bis sie gar ist.

4. Inzwischen den Lauch längs aufschneiden, waschen, putzen und in Ringe schneiden. Die Möhren, Petersilienwurzeln und die Zwiebeln schälen, grob würfeln. Kräuter abbrausen und trocken schütteln, die Blättchen abzupfen.

5. In einer Pfanne das Öl erhitzen und darin Gänsehals und -flügel goldbraun anbraten. Das Gemüse dazugeben und mitbraten. Kräuter dazugeben, mit Wein ablöschen und kurz aufkochen. Alles in den Bräter geben. Die Gans alle 30 Min. mit der Sauce übergießen.

6. Nach Garzeitende die Hitze auf 200° hochfahren und die Gans weitere 30 – 40 Min. braten, um eine schön knusprige Haut zu erzielen.

Zeitbedarf: *30 Min., Garzeit: 5 Std. 40 Min.*
Das schmeckt dazu: *hausgemachte Kartoffelklöße und Birnenrotkohl*
Pro Portion: *1495 kcal*

WILDSCHWEIN-GULASCH

serviert mit Birnenrotkohl

FÜR 6 PERSONEN
1,2 kg Wildschweinfleisch (aus der Keule)
2 Zwiebeln, 3 Möhren
2 Knoblauchzehen
4 EL Butterschmalz
6 Lorbeerblätter
5 – 6 Wacholderbeeren
6 Nelken, 700 ml Rotwein
Salz, Pfeffer
800 g Rotkohl
3 feste Birnen
5 – 6 Pimentkörner
6 EL Essig
50 g Zartbitterkuvertüre
4 EL Johannisbeersirup

1. Fleisch trocken tupfen und in 3 cm große Würfel schneiden. Zwiebeln schälen und klein würfeln. Möhren schälen und in ½ cm dicke Scheiben schneiden. Knoblauch andrücken.

2. In einem Topf 2 EL Schmalz schmelzen. Darin bei starker Hitze das Fleisch portionsweise anbraten, bis keine rohen Stellen mehr sichtbar sind, herausnehmen. Ist das ganze Fleisch angebraten, mit Knoblauch, Zwiebeln, Möhren, 3 Lorbeerblättern, Wacholderbeeren und 3 Nelken zurück in den Topf geben. Mit ½ l Rotwein aufgießen, salzen und pfeffern, umrühren und bei geschlossenem Deckel aufkochen. Hitze reduzieren, sodass das Gulasch nur noch leise köchelt. Den Deckel jetzt schräg auflegen, damit Dampf entweichen und die Sauce einkochen kann. Bis das Fleisch weich ist, dauert es ca. 2 Std.

3. Rotkohl vierteln, Strunk entfernen und den Kohl in feine Streifen schneiden. Die Birnen schälen, vierteln, entkernen und grob würfeln. In einem Topf übriges Schmalz schmelzen, den Kohl darin andünsten. Piment, übrige Nelken und Lorbeerblätter dazugeben und mit dem verbliebenen Wein ablöschen. Salzen, pfeffern und das Kraut bei geschlossenem Deckel und mittlerer Hitze in ca. 1 ½ Std. weich kochen. Dabei nach 1 Std. die Birnen hinzugeben. Mit Salz, Pfeffer und 3 – 4 EL Essig abschmecken.

4. Kuvertüre hacken und mit Sirup und restlichem Essig zum Gulasch geben. Mit Salz und Pfeffer abschmecken. Mit dem Kraut servieren.

Tipp: Wildgulasch braucht natürlich die altbekannten Gewürze. Doch mit der Beigabe von dunkler Schokolade, Johannisbeersirup und Essig kommen drei pfiffige Aromaten ins Spiel, die der Sauce eine neue Richtung geben.

Zeitbedarf: *45 Min., Garzeit: 2 Std.*
Das schmeckt dazu: *Semmelknödel, Serviettenknödel oder Fingernudeln*
Pro Portion: *775 kcal*

HASENPFEFFER

mit Cognac veredelt

FÜR 4 PERSONEN
1 küchenfertiger Hase (ca. 1½ kg)
2 Zwiebeln
4 Zweige Thymian
4 Zweige Rosmarin
2 Lorbeerblätter
6 EL Cognac, 3 EL Öl
Salz, Pfeffer
120 g durchwachsener Räucherspeck
1 Möhre, 1 kleine Stange Lauch
2 Knoblauchzehen
1 EL Butter, 1 EL Mehl
700 ml trockener Rotwein
10 Wacholderbeeren
10 Pfefferkörner
250 g Geflügelleber
100 g Sahne
1 EL Rotweinessig
40 g Zartbitterschokolade (über 70 % Kakaoanteil)

1 Den Hasen mit einem scharfen, großen Messer in 8–10 Teile zerlegen, waschen und trocken tupfen. Die Zwiebeln schälen und in Ringe schneiden, Kräuter abbrausen. Alles mit 4 EL Cognac, 2 EL Öl, Salz und Pfeffer in einen wiederverschließbaren Gefrierbeutel (3 l) geben. Den Beutel so zusammendrücken, dass möglichst wenig Luft zurückbleibt, gut verschließen und den Hasen 1–2 Tage im Kühlschrank marinieren lassen.

2 Das Fleisch aus der Marinade nehmen und trocken tupfen. Speck in kleine Würfel schneiden. Die Möhre schälen und klein schneiden. Den Lauch längs aufschneiden, waschen, putzen und in feine Ringe schneiden. Die ungeschälten Knoblauchzehen leicht andrücken.

3 In einem Bräter übriges Öl und die Butter erhitzen. Darin den Speck braun anbraten, dann zum Abtropfen auf Küchenpapier geben. Im Speckfett das Fleisch rundherum anbraten, salzen und pfeffern. Gemüse dazugeben, mit Mehl bestäuben und alles für weitere 3 Min. anbraten.

4 Hasenstücke mit dem Wein ablöschen. Wacholderbeeren, Pfefferkörner und Knoblauch dazugeben. Hasenpfeffer bei geringer Hitze und geschlossenem Deckel ca. 1 Std. schmoren lassen, bis das Fleisch zart ist. Dann Hasenstücke aus der Sauce nehmen.

5 Die Lebern waschen, abtropfen lassen und von den Sehnen befreien. In einem hohen Gefäß mit Sahne und Essig mit einem Stabmixer pürieren. Sauce mit dem Leberpüree binden. Schokolade klein hacken und mit dem übrigen Cognac unter die Sauce rühren. Mit Salz und Pfeffer abschmecken. Hasenstücke dazugeben und wieder schön heiß werden lassen.

Tipp: Früher musste in einen Hasenpfeffer unbedingt Blut mit in die Sauce – das ist nicht mehr zeitgemäß. Dass das Gericht dennoch schön sämig und geschmackvoll wird, dafür sorgen Geflügelleber, Bitterschokolade und Cognac.

Zeitbedarf: *50 Min., Marinierzeit: 2 Tage, Garzeit: 1 Std.*
Das schmeckt dazu: *für dieses typische Wintergericht sind Birnenrotkohl und Kartoffelklöße ideale Begleiter*
Pro Portion: *800 kcal*

REHKEULE MIT SPECK

auf dem Herd geschmort

FÜR 4 PERSONEN
1½ kg Rehkeule
Salz, Pfeffer, 2 TL Wildgewürz
14 Scheiben durchwachsener Räucherspeck, 2 EL Butterschmalz
2 Möhren, 2 Zwiebeln
2 Stangen Staudensellerie
400 ml Wildfond
300 g Champignons, 100 ml Rotwein
150 g Crème fraîche

1 Die Rehkeule mit einem scharfen Messer küchenfertig vorbereiten, also die Sehnen und die Häute sorgfältig entfernen, ohne zu viel vom Fleisch zu verletzen. Das Fleisch mit Salz, Pfeffer und dem Wildgewürz rundherum einreiben. Die Keule mit dem Speck umwickeln, insbesondere auf der dicken Fleischseite.

2 In einem schweren Bräter das Schmalz schmelzen. Darin die Keule von allen Seiten anbraten, beginnend mit der dicken Fleischseite. Dass sich dabei nach und nach der Speck löst, ist unvermeidbar, aber kein Problem.

3 Inzwischen Möhren und Zwiebeln schälen und klein würfeln. Staudensellerie waschen, putzen, in dünne Scheiben schneiden. Vorbereitetes Gemüse zur Rehkeule geben und mit dem Fond ablöschen. Die Keule im geschlossenen Bräter bei kleiner bis mittlerer Hitze 1 ¼–1 ½ Std. schmoren lassen, bis das Fleisch schön zart ist. Pilze putzen, vierteln und für die letzten 5 Min. zum Fleisch geben.

4 Die Keule aus dem Bräter nehmen und warm stellen. Die Sauce mit Crème fraîche verfeinern und mit Rotwein abschmecken. Das Fleisch in Scheiben schneiden und mit der Sauce und dem Speck servieren.

Zeitbedarf: *25 Min., Garzeit: 1 ½ Std.*
Das schmeckt dazu: *Birnen mit Preiselbeerkompott und Spätzle*
Pro Portion: *610 kcal*

REHMEDAILLONS MIT PILZEN

flott gemacht

FÜR 4 PERSONEN
500 g Pfifferlinge
2 Schalotten, 1 Knoblauchzehe
40 g durchwachsener Räucherspeck
1 EL Butterschmalz
8 Rehmedaillons (je ca. 80 g)
Salz, Pfeffer, 1 EL Butter
150 ml Weißwein, 150 g Sahne
2 Spritzer Rotweinessig

1 Backofen auf 160° vorheizen. Pilze putzen, eventuell halbieren. Schalotten und Knoblauch schälen und fein hacken. Speck klein würfeln.

2 In einer Pfanne das Schmalz schmelzen. Medaillons darin von jeder Seiten 15 Sek. anbraten. In eine Auflaufform legen, salzen, pfeffern. Im Ofen (Mitte) in 6 – 8 Min. fertig garen.

3 Butter in der Pfanne schmelzen und darin Schalotten, Speck und Knoblauch andünsten. Pilze dazugeben, 2 – 3 Min. mitdünsten. Wein und Sahne angießen, aufkochen, mit Essig abschmecken. Mit den Medaillons servieren.

Zeitbedarf: *35 Min.*
Das schmeckt dazu: *Kartoffelpuffer oder dünne Bandnudeln*
Pro Portion: *420 kcal*

HIRSCHRÜCKEN MIT SERVIETTENKNÖDEL

ein Glanzlicht im Winter

Das ist ein Schmaus! Edler kann man Wild kaum genießen. Wir holen uns den Hirschrücken noch am Knochen, so lässt sich aus der Karkasse eine schöne Sauce kochen. Der Clou jedoch: Aus Hagebuttenmark (gibt es oft an den Käseständen auf dem Wochenmarkt) und Rotwein stellen wir uns eine zweite Sauce her, die mit Fruchtigkeit und Säure begeistert.

Jetzt nur noch in Scheiben schneiden

FÜR 6 PERSONEN

FÜR DEN BRATEN
2 kg Hirschrücken mit Knochen (am besten ausgelöst und klein gehackt)
2–3 Zweige Rosmarin
10 Wacholderbeeren
6 Pimentkörner
10–12 Pfefferkörner, 2 Nelken
½ l Rotwein, 3 EL Butterschmalz
200 g Hagebuttenmark
3 Knoblauchzehen, Salz, Pfeffer

FÜR DEN KNÖDEL
4 altbackene Brötchen
2–3 Stängel Petersilie, 2 EL Butter
⅛ l Milch, 1 Ei, Salz, Pfeffer
frisch geriebene Muskatnuss

1 Das Fleisch mit einem scharfen Messer vom Knochen auslösen und von allen Häuten und Sehnen befreien. Rosmarin abbrausen, trocken schütteln, Blätter abzupfen.

2 Das Fleisch mit Rosmarin, Gewürzen und 200 ml Wein in einen wiederverschließbaren Gefrierbeutel (3 l) geben. Beutel so zusammendrücken, dass möglichst wenig Luft zurückbleibt, gut verschließen und den Hirschrücken ca. 12 Std. im Kühlschrank marinieren lassen.

3 Dann den Knochen klein hacken. In einem Topf 1 EL Schmalz schmelzen, Knochenstücke darin scharf anbraten. Mit 200 ml Wein und 100 ml Wasser ablöschen und 30 Min. einkochen, dabei nach 20 Min. Knochen entfernen.

4 Hagebuttenmark in einem Topf erwärmen. 2 ungeschälte Knoblauchzehen anquetschen und dazugeben. Mit dem übrigem Rotwein ablöschen und mit Salz und Pfeffer abschmecken.

5 Für den Knödel Brötchen klein würfeln. Petersilie abbrausen, trocken schütteln, hacken. Butter schmelzen, Petersilie darin andünsten, über die Brötchen geben. Milch erwärmen, mit Ei, Salz, Pfeffer und Muskat verrühren, über die Würfel geben. Kurz einweichen.

6 Die Brötchenmasse mit leicht angefeuchteten Händen durchkneten und zu einer Rolle (ca. 6 cm Ø) formen. In Frischhaltefolie einschlagen, dann in Alufolie einrollen, dabei die Enden wie bei einem Bonbon abdrehen. In leicht sprudelndem Wasser in ca. 25 Min. gar ziehen lassen. Backofen auf 160° vorheizen.

7 Hirschrücken aus der Marinade nehmen und trocken tupfen. Übriges Schmalz in einem Bräter schmelzen und darin das Fleisch rundherum kräftig anbraten. Dann im Ofen (Mitte) in ca. 20 Min. fertig garen, bis der Braten zart und innen rosa ist. Marinade zur Sauce aus den Knochen geben und bei starker Hitze 10 Min. einkochen. Mit Salz und Pfeffer abschmecken.

8 Die Serviettenknödelrolle aus dem Wasser nehmen, auswickeln und in dicke Scheiben schneiden. Hirschrücken ebenfalls in Scheiben schneiden und mit der Sauce und den Knödelscheiben auf Tellern anrichten. Je 1 Klecks Hagebuttensauce dazugeben.

Zeitbedarf: *1 ½ Std., Marinierzeit: 12 Std.*
Das schmeckt dazu: *Rotwein ist angesagt – entweder Spätburgunder oder Syrah (sehr fein: im Holz ausgebaut und aus der Pfalz)*
Pro Portion: *655 kcal*

GIBT ES HIER ETWA NOCH
FRAGEN ZUR ZARTHEIT?

Aus Fluss und Bach, See und Meer

FISCH & MEHR

DIE VORTEILE VON FISCH UND MEERESFRÜCHTEN LIEGEN KLAR AUF DER HAND: FIGURFREUNDLICH, WEIL WENIG FETT. LEICHT VERDAULICH UND GUT FÜR DIE MUSKELN, WEIL VIEL EIWEISS. UND OMEGA-3-FETTSÄUREN STÄRKEN UNSEREN ORGANISMUS. WAS JEDOCH AM MEISTEN ZÄHLT: SCHMECKT KLASSE!

NICHT GROSS ANDERS ALS VOR 100 JAHREN

FAKTEN ZU FISCH

Gutes aus dem Wasser

2013 wurden in Deutschland ungefähr 37.000 Tonnen Fisch aus Seen und Flüssen sowie auch aus Aquakultur geangelt – wobei Aquakultur mit fast 26.000 Tonnen den größten Anteil darstellt.
Dennoch wird der deutsche Markt für Süßwasserfische von Importen bestimmt: bei 128.000 Tonnen Bedarf liegt der Eigenversorgungsgrad unter 15 Prozent. Bei Meeresfischen sieht es ähnlich aus. Küsten- und Hochseefischerei werden leider immer weniger.
Die raschwüchsige Regenbogenforelle ist mit 44.000 Tonnen mit Abstand der beliebteste Süßwasserfisch in Deutschland.
In deutschen Binnengewässern leben um die 60 Fischarten, von lachsartigen Fischen (Lachse, Forellen, Saiblinge) über Barsche, Störe, Welse, Äschen und Maränen bis hin zu den Karpfenfischen, die als Binnenfisch-Untergruppe gut 25 Arten umfasst.
Die Hochsee- und Küstenfischerei in Deutschland beschäftigt derzeit um die 40.000 Menschen, die mit etwa 2.000 Wasserfahrzeugen ungefähr 240.000 Tonnen pro Jahr erzeugen. Im internationalen Vergleich steht Deutschland recht weit hinten. Mit ein Grund ist, dass 90 Prozent unserer Bevölkerung nicht im näheren Umfeld einer Küste leben.
Fisch ist gesund: Jod und Tyrosin halten uns wach und fit, Omega-3-Fettsäuren senken den Blutdruck und verhindern Verkalkung, ja sie sollen uns sogar intelligenter machen. Ausprobieren schadet nichts!

ENTERTAINMENT FISCH

Vielfalt aus deutschen Gewässern

Es gibt einige böse Zungen, die behaupten, in Mecklenburg-Vorpommern sagen sich Fuchs und Hase »Gute Nacht«. Ist natürlich völliger Blödsinn, denn hier sagen sich vielmehr Barsche und Zander »Guten Tag«! Seit 1952 gibt es die »Müritzfischer«, die mehr als 30.000 Hektar Wasser in Deutschlands nordöstlichstem Bundesland bewirtschaften – die ehemalige Genossenschaft, heute eine GmbH, hat sich zum größten Fischereiverband Deutschlands gemausert. Während der Hauptsaison, also von März bis in den späten Herbst, fahren wie eh und je mehr als 40 Fischer mit ihren Booten bei Sonnenaufgang auf die Seen hinaus und kehren, hoffentlich gut beladen, mittags wieder zu den Anlegestellen zurück.

TOURIS WILLKOMMEN!

Und dann Feierabend? »Eher weniger«, lacht Sebastian Paetsch, der im Unternehmen unter anderem für die Kommunikation zuständig ist. »Fischer sein heißt heute Direktvermarktung. Also lange Arbeitszeiten, ab dem Mittag selbst an der Fritteuse stehen, um quasi anfassbar zu sein für die Besucher vor Ort«. Die Wandlung des Fischers zum Entertainer. Frischer Fisch, Warenkunde und Bespaßung – alles kombiniert. Doch die eher strukturschwache Region muss vehement auf den Tourismus setzen, und da wäre es kontraproduktiv, nicht die eigenen Kapazitäten und Stärken vor Ort zu nutzen.

FISCHEREI MIT WEITSICHT

Demnach ist das Konzept der Müritzfischer klugerweise breit aufgestellt. Nicht nur, dass die eigenen Leute fischen gehen – auch alle auswärtigen Gäste können sich hier zeitlich befristete Fischereischeine ausstellen lassen und mit diesen in Dutzenden Angelgewässern – von Parchim im Westen bis hinüber nach Neubrandenburg, von Wittstock bis hoch nach Bad Sülze – selbst die Rute ins Wasser halten und auf Erfolg hoffen. Dazu steht in Waren noch ein Fischkaufhaus, in dem regionale und internationale Fische gekauft werden können. 90 Prozent der Wertschöpfung erfolgen konsequenterweise über die regionale Gastronomie und über die Touristen.

Das große Wort »Nachhaltigkeit« ist auch bei den Müritzfischern Trumpf. Anders als in anderen deutschen Seen – etwa im Bodensee, wo viele Berufsfischer nebeneinanderher arbeiten können, jeder für sich – haben sie das alleinige Fischereirecht am See, welches alle zwölf Jahre erneuert werden muss. Der Vorteil daran: Der Verbund achtet darauf, die Gewässer nicht zu überfischen, um sich nicht selbst den Nachschub abzugraben. Damit einher geht auch der Umstand, dass man für das Land ein Referenzbetrieb ist, der stark in der Forschung engagiert ist. Ein Ergebnis dieser Zusammenarbeit mit Land und anderen Forschungseinrichtungen war die Wiedereingliederung des Störs.

LOS, BEISS MICH SCHON!

EIN LOB AUF DEN KARPFEN

»Fischfang, Fischzucht und Aquakultur gehen heute Hand in Hand, um auch in Zukunft noch viele unterschiedliche Fische auf den Tisch bringen zu können«, fasst es Sebastian Paetsch kurz zusammen.
Aquakultur bedeutet hier ganz konkret, dass auf knappen 180 Hektar Teichlandschaft (Seeadler inklusive) Arten wie Störe, Karpfen, Schleie oder Welse naturnah gezogen werden. Entweder um sie später auszusetzen oder um sie bundesweit an Anglerverbände für deren Zwecke weiterzuverkaufen.
Unterschieden wird laut Paetsch mittlerweile in moderne und in traditionelle Fischarten. Letztere hätten es etwas schwerer in der Gunst der Konsumenten, obwohl sie oft eine weitaus bessere Ökobilanz und auch sonst einige Vorteile aufweisen würden: »Karpfen etwa ist ein äußerst schmackhafter Fisch mit großen Gräten, die immer leicht zu finden sind – und sein langsames Wachstum macht sein Fleisch schön fest in der Konsistenz.« Das Schicksal, nicht »in« zu sein, teilt er sich mit dem Aal.

FANGEN, BACKEN, GENIESSEN

Weitaus angesagter sind da Barsche, Zander, Hechte oder Maränen, die man in anderen Gegenden als Renken oder Schleien bezeichnet. An der Müritz bemüht man sich, so regional wie nur möglich vorzugehen und stellt Bleie, Rotaugen, Klötzen und andere Weißfische in den Vordergrund. Das schafft Identität und eröffnet neue Möglichkeiten. Eine Eigenkreation daraus sind beispielsweise die »Beißbölter«: Backfischbrötchen, die eben mal nicht aus Seelachs oder anderen Industriefischen gemacht sind. Die Fische dafür werden per Hand filetiert, laufen durch den Grätenschneider – und dann gleich aus der Hand des Fischers in die Fritteuse, von wo aus sie beim hungrigen Kunden landen. Frischer geht's nicht.

FISCH MUSS NICHT GROSS SEIN

Fisch in Deutschland, das ist überall dort ein Thema, wo es Wasser gibt, logisch. An den Seen im Voralpenland, an den Flüssen, an der Nord- und Ostsee – überall hier sind die jeweils regionalen Spezialitäten von den Speisekarten überhaupt nicht wegzudenken. Ich erinnere mich noch sehr gut, wie wir als Kinder beim Baden im Main in Albertshofen bei Kitzingen ganz oft Männer beobachten konnten, die mit Angelruten, Reusen und Netzen am Ufer saßen. Stundenlang. Zwar fingen sie manchmal richtig große Exemplare, meist jedoch nicht mal fingerlange Fischlein: Ukeleien, Rotaugen oder Rotfedern. Diese wurden ausgenommen, im Ganzen paniert, frittiert und in einer spitzen Papiertüte zum Verzehr angeboten. Was heute frittierte Tintenfischringe sind, waren früher unsere »Meefischli«, die Fische aus dem Main. Leider sind die Bestände derzeit arg dezimiert, was auch an der Grundel liegt, einer aus dem Schwarzen Meer über den Main-Donau-Kanal eingewanderten Fischart. Sie stellt den Meefischli nach, wie dies natürlich auch größere Raubfische tun, die sich auf Grund der verbesserten Wasserqualität mehr und mehr in den Main wagen.

HÖHERE WASSERQUALITÄT

Flüsse und Seen in Deutschland sind insgesamt viel sauberer als noch vor 20 Jahren. Inzwischen ist es gang und gäbe, im Rhein, an der Donau und anderswo Fischtreppen zu bauen, um etwa Lachse und andere Fische zurück zu ihren Laichplätzen wandern zu lassen. Verbesserte Industriestandards und moderne Kläranlagen sorgen dafür, dass auch stromabwärts nach großen Städten keine fischfreien Zonen vorhanden sind.
Also alles wunderbar? Naja. Die Binnen- und Küstenfischerei in Deutschland stellt nur einen eher geringen Anteil an unserer Versorgung mit Fisch dar (siehe Faktenkasten S. 150), und selbst hier sind sogar noch all die kleinen Hobbyangler in der Schätzung mit dabei. Eigentlich wären wir als Verbraucher gefordert, nicht immer nur auf den Preis zu schielen und im Supermarkt nach Pangasius oder Viktoriaseebarsch zu fragen. Warum orientieren wir uns nicht mehr nach dem, was in unserer Umgebung produziert wird? Hat kürzere Wege, unterstützt unsere Fischer und Angler und ist ein winziger Beitrag, die Überfischung der Weltmeere nicht noch zu schüren.
Früher war der Binnenfisch ein Grundnahrungsmittel, heute ist er fast ein Luxusgut. Unsere Kenntnisse, ihn zuzubereiten, ihn in seiner Qualität zu erkennen, nimmt beständig ab. Seit 1984 wird jeweils ein »Fisch des Jahres« gekürt, der extrem gefährdet ist in seiner Art. Wie wäre es mal mit dem »Speisefisch des Jahres«, um regionale Herkünfte zu unterstützen?

DER FISCH IST PLATT,
DAS GERICHT NICHT

SCHOLLENFILETS MIT KRABBEN UND SPECK

auf Hamburger Art

Schollen gehören zur Ordnung der Plattfische und sind als Speisefische sehr beliebt, da ihr Fleisch äußerst zart ist. Greifen Sie möglichst zu größeren Exemplaren und nicht zu den ganz jungen »Maischollen«, das ist nachhaltiger und schützt die Bestände.

Ein Sud mit genialem Geschmack

FÜR 4 PERSONEN

500 g junge kleine Kartoffeln
1 TL Kümmelsamen, Salz
1 Zwiebel, 150 ml Gemüsebrühe
3 EL Essig
Pfeffer, 1 TL Zucker
100 g magerer Räucherspeck
3 EL Öl, ½ Bund Schnittlauch
8 Kirschtomaten
800 g Schollenfilets (ohne Haut)
Saft von 1 Zitrone, 2 EL Mehl
200 g Nordseekrabben (gepult)

❶ Kartoffeln waschen und ungeschält mit dem Kümmel in ausreichend Salzwasser in 15–20 Min. gar kochen. Abgießen und kurz ausdampfen lassen, dann pellen.

❷ Zwiebel schälen, fein würfeln und mit der Brühe, Essig, Salz, Pfeffer und Zucker in einen Topf geben. Alles ca. 5 Min. köcheln lassen. Mit den Kartoffeln in eine Schüssel geben, 10–15 Min. durchziehen lassen.

❸ Den Speck ohne Schwarte klein würfeln und die Hälfte davon in 1 EL Öl kross anbraten, auf Küchenpapier abtropfen lassen und zu den Kartoffeln geben. Den Schnittlauch abbrausen, trocken schütteln und in Röllchen schneiden. Die Hälfte davon über die Kartoffeln streuen. Tomaten waschen und halbieren.

❹ Schollenfilets waschen, trocken tupfen, mit Zitronensaft beträufeln, salzen und pfeffern. Von beiden Seiten mit Mehl bestäuben. Übriges Öl in einer großen Pfanne erhitzen. Darin die Fischfilets von beiden Seiten in 5 Min. goldbraun braten. Herausnehmen und warm stellen.

❺ In der Pfanne restlichen Speck scharf anbraten. Hitze reduzieren, Krabben dazugeben und 2–3 Min. andünsten. Tomaten dazugeben und alles noch weitere 2 Min. dünsten. Übrigen Schnittlauch aufstreuen. Mit den Schollenfilets und den Kartoffeln auf Tellern anrichten.

Zeitbedarf: *35 Min., Garzeit: 20 Min.*
Das schmeckt dazu: *im Norden kommen hier ein Klarer und ein Bier auf den Tisch*
Pro Portion: *425 kcal*

LABSKAUS MIT ROLLMOPS

ein echter Hingucker

FÜR 4 PERSONEN
500 g mehligkochende Kartoffeln
Salz, 500 g gegarte Rote Beten (vakuumverpackt)
200 g Gewürzgurken (mit Gurkensud)
400 g Corned Beef, Pfeffer
50 ml Rote-Bete-Saft
1 TL Worcestersauce
8 Rollmöpse
½ Bund Schnittlauch
1 EL Öl, 4 Eier

❶ Kartoffeln waschen und ungeschält in kochendem Salzwasser ca. 20 Min. garen. Abgießen, ausdampfen lassen und pellen.

❷ Währenddessen 1 Rote Bete in möglichst dünne Scheiben schneiden, übrige Beten sehr fein würfeln, ebenso wie die Gewürzgurken. Die Beten- und Gurkenwürfel zusammen mit dem Corned Beef und etwas Gurkensud mit einer Gabel zu einer homogenen Masse vermengen.

❸ Die Kartoffeln zerstampfen und unter die Masse heben, dabei mit Pfeffer und Salz abschmecken. Alles in einen Topf geben, Rote-Bete-Saft und Worcestersauce unterrühren und das Labskaus erwärmen.

❹ Vier Dessertringe (ca. 8 cm Ø) an den Innenseiten mit den Rollmöpsen auskleiden, Labskaus jeweils in die Mitte füllen und leicht andrücken. Den Schnittlauch abbrausen, trocken schütteln und in feine Röllchen schneiden. In einer Pfanne das Öl erhitzen, darin die Spiegeleier zur gewünschten Konsistenz braten.

❺ Die Rote-Bete-Scheiben auf Tellern auslegen und die gefüllten Ringe darauf platzieren. Die Ringe vorsichtig nach oben ziehen, sodass der Labskaus stehen bleibt. Je 1 Spiegelei obenauf setzen, mit Schnittlauch bestreuen.

Zeitbedarf: *50 Min.*
Das schmeckt dazu: *ein herbes Pils*
Pro Portion: *570 kcal*

PANNFISCH MIT SENFSAUCE

in Gemüsebegleitung

FÜR 4 PERSONEN
600 g festkochende Kartoffeln
3 EL Öl, 2 EL Butterschmalz
80 g durchwachsener Räucherspeck
2 Knollen Fenchel (ca. 400 g)
1 EL Butter, 1 EL Zucker
750 g Welsfilet
Salz, Pfeffer, 3 EL Mehl
125 g Crème fraîche, 150 ml Milch
2 EL körniger Senf
Saft von ½ Zitrone
2–3 Stängel Petersilie

❶ Kartoffeln schälen und in nicht zu dünne Scheiben schneiden. In einer tiefen, großen beschichteten Pfanne 2 EL Öl und 1 EL Butterschmalz erhitzen. Darin die Kartoffeln bei mittlerer Hitze in ca. 15 Min. goldbraun braten, dabei immer wieder mal vorsichtig wenden. Speck klein würfeln und für die letzten 5 Min. Garzeit zu den Kartoffeln geben. Dann die Kartoffeln in eine Schüssel umfüllen und warm stellen.

❷ Den Fenchel waschen, putzen und in feine Scheiben schneiden. In der Pfanne die Butter schmelzen, Zucker einstreuen und karamellisieren. Darin den Fenchel ca. 5 Min. andünsten, bis er weich ist. Auch umfüllen, warm stellen.

❸ Welsfilet grob würfeln, salzen, pfeffern und in Mehl wenden. Übriges Öl und Butterschmalz in der Pfanne erhitzen, den Fisch in ca. 5 Min. von allen Seiten goldbraun anbraten.

❹ Parallel dazu in einem Topf Crème fraîche und Milch erhitzen. Salzen und pfeffern, den Senf und den Zitronensaft einrühren. Die Petersilie abbrausen, trocken schütteln und die Blättchen fein hacken.

❺ Den Wels mit Bratkartoffeln, Fenchel und der Senfsauce auf Teller verteilen und zum Schluss noch mit der Petersilie bestreuen.

Zeitbedarf: *45 Min.*
Das schmeckt dazu: *ein guter Silvaner*
Pro Portion: *765 kcal*

DIE WÜRFEL LASSEN SICH INDIVIDUELL PORTIONIEREN

AUSGEBACKENE PANIERTE FISCHFILETS
MIT KARTOFFELSALAT

Knuspriges aus der Pfanne

Damit diese Filets 1a gelingen, unbedingt zu festfleischigem Fisch greifen, Seelachs und Rotbarsch sind ideal. Der blättrige Kabeljau eignet sich dagegen eher nicht. Und die Panade mit Gewürzen oder Kräutern aufpeppen.

FÜR 4 PERSONEN

FÜR DEN SALAT

1 kg festkochende Kartoffeln
Salz, 6 Frühlingszwiebeln
4 EL Öl
1 Prise brauner Zucker
1 TL körniger Senf
2 EL guter Essig
3 EL Gemüsebrühe
Pfeffer
1 Kästchen Gartenkresse

FÜR DIE FILETS

8 Fischfilets (je 100 g, mit festem Fleisch, z. B. Seelachs oder Rotbarsch)
Saft von 2 Zitronen, Salz
3 Stängel Oregano
50 g Mehl, 2 Eier
50 g Semmelbrösel
Pfeffer
3 EL Butterschmalz

Braun, kross und schön trocken außen: dann haben Sie alles richtig gemacht

1 Für den Salat die Kartoffeln gut waschen und ungeschält in kochendem Salzwasser in 25 – 30 Min. weich garen. Abgießen, kurz ausdampfen lassen, pellen und in nicht zu dünne Scheiben in eine Schüssel schneiden.

2 Die Frühlingszwiebeln putzen, waschen und in feine Ringe schneiden. In einer Pfanne 1 EL Öl erhitzen. Die Frühlingszwiebeln darin andünsten, bis sie ein wenig Farbe genommen haben, dann mit dem Zucker bestreuen und leicht karamellisieren lassen.

3 Senf, Essig, Gemüsebrühe, übriges Öl, Salz und Pfeffer gut verrühren, am besten in einem Glas mit Schraubverschluss kräftig durchschütteln. Dieses Dressing nun auf die noch warmen Kartoffeln geben, Frühlingszwiebeln hinzufügen und alles unterheben. Die Kresse mit der Küchenschere vom Beet schneiden und beiseitestellen.

4 Die Fischfilets auf noch vorhandene Gräten kontrollieren und diese mit der Grätenzange oder einer Pinzette entfernen. Die Filets mit Zitronensaft beträufeln, salzen. Den Oregano abbrausen und trocken schütteln, die Blättchen abzupfen und fein hacken.

5 In drei tiefe Teller jeweils das Mehl, die Eier und die Semmelbrösel verteilen. Das Mehl salzen und pfeffern, die Eier mit einer Gabel verquirlen und den Oregano untermischen. Nun die einzelnen Filets nacheinander zuerst im Mehl, dann in der Eier-Kräuter-Mischung und schließlich in den Bröseln wenden.

6 In einer großen beschichteten Pfanne das Butterschmalz schmelzen. Darin die Fischfilets bei mittlerer Hitze von beiden Seiten in jeweils 2 Min. goldbraun ausbacken. Mit dem Kartoffelsalat auf Tellern anrichten und die Kresse über den Salat streuen.

Tipp: Die besten Ergebnisse beim Ausbacken erzielen Sie, wenn Sie den Fisch sofort nach dem Panieren in die Pfanne geben. Selbst eine nur ganz kurze Ruhezeit würde genügen, dass die Feuchte des Fisches die Panade aufweicht und klumpig werden lässt. In der Pfanne selbst sollten sich die einzelnen Stücke möglichst nicht berühren, damit der Dampf gut entweichen kann. Und bemerken Sie, dass der Fisch bereits nach 1 Min. in der Pfanne zu schnell braun wird, gehen Sie einfach mit der Hitze ein wenig herunter.

Zeitbedarf: *40 Min., Garzeit: 30 Min.*
Das schmeckt dazu: *perfekt wäre ein halbtrockener Riesling*
Pro Portion: *585 kcal*

BISSERL GRÜN SCHADET
IN KEINEM FALL!

ZANDER MIT MANDELSPINAT

auf der Haut gebraten

FÜR 4 PERSONEN
4 dicke Zanderfilets mit Haut (Loins, je 200 g)
Salz, Pfeffer, Saft von 1 Zitrone
2 EL Mandelblättchen
500 g Blattspinat
1 kleine Zwiebel
1 Knoblauchzehe
2 kleine Tomaten
3 EL Olivenöl
1 EL Butter
4 dünne Scheiben durchwachsener Räucherspeck
4 dünne Scheiben Ingwer
50 ml Weißwein
frisch geriebene Muskatnuss

1 Bei den küchenfertigen, geschuppten Filets mit einer Rasierklinge oder einem sehr scharfen Messer die Haut im Abstand von 2 cm einritzen. Die Filets von beiden Seiten salzen, pfeffern und mit Zitronensaft beträufeln.

2 Die Mandelblättchen in einer Pfanne ohne Fett leicht erwärmen, jedoch keine Farbe annehmen lassen, beiseitestellen.

3 Den Spinat putzen, waschen und trocken schleudern. Zwiebel und Knoblauch schälen und fein hacken. Die Tomaten waschen, ca. 1 cm groß würfeln, Stielansätze entfernen.

4 In einer beschichteten Pfanne 2 EL Olivenöl erhitzen und die Zanderfilets mit der Hautseite nach unten einlegen. Bei mittlerer Hitze in 5 Min. schön kross braten. Die Filets herausnehmen, Öl abgießen und Butter in die Pfanne geben. Filets mit der Fleischseite nach unten einlegen, den Speck und Ingwer dazugeben und alles bei geringer Hitze 3 Min. sanft garen.

5 Zwischendurch in einem Topf das restliche Olivenöl erhitzen und darin die Zwiebel und den Knoblauch glasig andünsten. Spinat und Weißwein dazugeben, den Deckel schließen. Nach 5 Min. ist der Spinat zusammengefallen. Tomaten und Mandeln unterrühren und den Spinat mit Salz, Pfeffer und Muskat würzen. Mit den Zanderfilets auf Tellern anrichten.

Zander ist ein in der Gastronomie äußerst beliebter Speisefisch. Er besitzt festes Fleisch, lässt sich gut filetieren und verfügt über einen kräftigen Geschmack, der durch die Röstaromatik beim Auf-der-Haut-Braten noch unterstützt wird. Sportangler stehen auf ihn: er ist herausfordernd zu fangen, weil sehr vorsichtig. Hat man ihn am Haken, macht er optisch viel her und ist prima zum Angeben …

Zeitbedarf: *30 Min.*
Das schmeckt dazu: *knuspriges Baguette und ein Blanc de Noir*
Pro Portion: *340 kcal*

GRILLFORELLE MIT GURKEN-TATAR

Sommergefühl pur

FÜR 4 PERSONEN
4 küchenfertige Forellen (je 400 g)
5 Bio-Limetten
8 Zweige Thymian
4 kleine Zweige Rosmarin
1 Knoblauchzehe
½ Bund Kerbel
1 Bund Schnittlauch
100 g zimmerwarme Butter
Salz, Pfeffer
1 Salatgurke
1 kleines Bund Dill
1 Schalotte, 3 EL Kapern
1 TL mittelscharfer Senf
1 EL Essig
4 TL Crème fraîche (nach Belieben)

1 Die ausgenommenen und geschuppten Forellen sorgfältig waschen und gut trocken tupfen. Limetten waschen, 1 Limette halbieren, alle Früchte in dünne Scheiben schneiden. Thymian und Rosmarin abbrausen, trocken schütteln und in die Bäuche der Forellen stecken, halbierte Limettenscheiben dazugeben und die Bäuche mit Zahnstochern verschließen.

2 Den Knoblauch schälen und sehr fein hacken. Den Kerbel und den Schnittlauch abbrausen, trocken schütteln und ebenfalls hacken, vom Schnittlauch etwa die Hälfte beiseitelegen. Aus Knoblauch, Schnittlauch, Kerbel und der Butter eine Kräuterbutter anrühren. Mit Salz und Pfeffer würzen. In den Kühlschrank stellen.

3 Die Gurke schälen, längs halbieren und die Kerne mit einem Löffel herauskratzen. Die Gurke in kleine Würfel schneiden. Den Dill abbrausen und trocken schütteln, die Spitzen abzupfen, fein hacken und mit dem übrigen Schnittlauch zur Gurke geben. Die Schalotte schälen, fein würfeln und mit den Kapern ebenfalls dazugeben. Das Tatar mit Senf, Essig, Salz und Pfeffer würzen.

4 Einen Grill auf mittlere Hitze (ca. 180°) vorheizen. Vier Fischbräter mit der Hälfte der ganzen Limettenscheiben auslegen, darauf die Forellen platzieren und diese mit den restlichen Limetten belegen. Die Bräter verschließen. Fische und Limetten auf einer Seite mit der Kräuterbutter bestreichen und mit dieser Seite auf den Grill legen. Forellen in ca. 15 Min. gar grillen, dabei immer wieder mal wenden und jeweils erneut buttern. Und: Die Hitze des Grills nach 5 Min. reduzieren, außerdem den Deckel, falls vorhanden, schließen.

5 Die Grillforellen auf großen Tellern oder kleinen Tabletts anrichten und eventuell je 1 TL Crème fraîche daneben setzen. Gurkentatar in Schüsseln verteilen und mit den Fischen servieren.

Tipp: Sie können beim Grillen auch umgekehrt vorgehen – zuerst sanft angaren und dann scharf zu Ende braten.

Zeitbedarf: *45 Min.*
Das schmeckt dazu: *neue Dampfkartoffeln und Pfälzer Riesling Spätlese trocken*
Pro Portion: *540 kcal*

SCHMECKEN NOCH FRISCHER,
ALS SIE AUSSEHEN

RENKE IM BIERTEIG

fruchtig-frisch mariniert

FÜR 4 PERSONEN
1 Bio-Zitrone
1 Bio-Orange
8 Renkenfilets (je 100 g, ohne Haut)
1 Ei
180 ml helles Bier
150 g Mehl
je 1 Prise Salz, Pfeffer und frisch geriebene Muskatnuss
3 EL Butter, 2 EL Öl

1 Zitrone und Orange waschen, abtrocknen und die Schale fein abreiben, Saft auspressen. Fischfilets in eine flache Schüssel geben und mit dem Zitrussaft beträufeln, die Zitrusschale dazugeben. Die Filets mindestens 30 Min. im Kühlschrank marinieren lassen.

2 Das Ei trennen. In einer Schüssel das Bier (hier am besten kein Pils nehmen, das macht den Teig bitter), 130 g Mehl, das Eigelb, Salz, Pfeffer und Muskat mit einer Gabel zu einem glatten Teig verquirlen. 1 EL Butter schmelzen und langsam einlaufen lassen. Das Eiweiß steif schlagen und vorsichtig unterheben.

3 In zwei großen beschichteten Pfannen übrige Butter und Öl erhitzen. Filets aus der Marinade nehmen, überschüssige Flüssigkeit abstreifen. Nun die Filets mit dem restlichen Mehl bestäuben, durch den Bierteig ziehen und in die Pfannen geben. Bei geringer bis mittlerer Hitze in 6–8 Min. langsam goldgelb ausbacken, dabei einmal wenden.

Renken, die man auch Felchen nennt, schmecken am allerbesten gebraten oder geräuchert. Wir backen sie in Bierteig aus, aromatisiert mit Zitrusfrüchten – auch sehr fein!

Zeitbedarf: *1 Std., Marinierzeit: 30 Min.*
Das schmeckt dazu: *grüner Salat oder Kartoffelsalat und in diesem Fall natürlich gerne auch ein Bier als flüssiger Begleiter*
Pro Portion: *565 kcal*

SAIBLING MIT PESTO

eine fixe Sache

FÜR 4 PERSONEN
50 g Bärlauch
50 g Basilikum
30 g Pinienkerne
50 g alter Ziegengouda
120 ml Olivenöl
Saft von 1 Limette
Salz
4 Saiblingsfilets (je 150 g)
Pfeffer
1 EL Butter

1 Den Bärlauch putzen, waschen und trocken schleudern. Die Basilikumblättchen von den Stängeln zupfen. Pinienkerne in einer Pfanne ohne Fett erwärmen. Den Käse grob hacken. Alles mit 100 ml Öl, Limettensaft und Salz in der Küchenmaschine zu Pesto verarbeiten.

2 Die Fischfilets salzen und pfeffern. In einer beschichteten Pfanne Butter und übriges Öl erhitzen. Darin die Saiblingsfilets bei geringer Hitze von jeder Seite ca. 2 Min. sanft garen. Mit dem Pesto servieren.

Zeitbedarf: *20 Min.*
Das schmeckt dazu: *Butterkartoffeln oder dünne Bandnudeln*
Pro Portion: *525 kcal*

ZARTE HECHTKLÖSSCHEN
IN DILLSAUCE

Viel leichter als gedacht!

Dies ist ein Klassiker aus Baden, der nur etwas Geschick im Umgang mit Zutaten wie Gerätschaften verlangt. Das Zauberwort heißt: Immer richtig schön cool, äh, kalt bleiben.

FÜR 4 PERSONEN

FÜR DIE KLÖSSCHEN

600 g Hechtfilet
400 g Sahne, 1 Eiweiß
1 Stange Lauch, 2 Möhren
800 ml Fischfond
300 ml Weißwein
2 Lorbeerblätter, Salz, Pfeffer
frisch geriebene Muskatnuss

FÜR DIE SAUCE

1 Schalotte, 1 TL Butter
100 ml Weißwein
2 EL trockener Wermut (Noilly Prat)
100 g Sahne, Salz, Pfeffer
4–5 Stängel Dill
1 TL Zitronensaft

Früher Hausmannskost, heute Delikatesse: man muss sich nur einfach rantrauen

1. Das Hechtfilet, die Sahne und das Eiweiß in den Kühlschrank stellen – die Zutaten müssen beim Verarbeiten möglichst kalt sein.

2. Lauch putzen, längs aufschneiden, waschen und in nicht zu feine Ringe schneiden. Die Möhren schälen und klein würfeln. Beides mit Fond und Wein aufkochen, Lorbeerblätter dazugeben und den Sud. 20 Min. leicht köcheln lassen. Mit Salz, Pfeffer und Muskat würzen.

3. Inzwischen den Fisch grob würfeln, salzen. 100 g eiskalte Sahne anschlagen – sie darf nicht steif werden, sonst wird die Farce später zu körnig. Fisch, flüssige Sahne und Eiweiß in der Küchenmaschine mit Schneideeinsatz zügig zu einer Farce verarbeiten, angeschlagene Sahne unterheben. Die Masse sofort mit einem Spatel durch ein feines Sieb streichen, um eventuelle Grätenrückstände zu entfernen.

4. Mit Tee- oder kleinen Esslöffeln Nocken von der Farce abstechen und diese vorsichtig in den Sud gleiten lassen. Bei halb aufgelegtem Deckel in ca. 15 Min. gar ziehen lassen.

5. In der Zwischenzeit für die Sauce Schalotte schälen und fein würfeln. In einem Topf die Butter schmelzen und darin die Schalotte andünsten. Mit Wein und Noilly Prat ablöschen und ca. 15 Min. einkochen lassen. Sahne angießen, kurz einkochen, salzen und pfeffern.

6. Den Dill abbrausen und trocken schütteln, die Spitzen von den Stängeln zupfen und fein hacken. Zwei Drittel davon in die Sauce geben und auch den Zitronensaft hinzufügen.

7. Mit einem Schaumlöffel die Hechtklößchen aus dem Sud holen, auf Teller verteilen und mit der Sauce übergießen. Übrigen Dill aufstreuen.

Zeitbedarf: *50 Min.*
Das schmeckt dazu: *traditionell Salzkartoffeln und ein Glas Gutedel*
Pro Portion: *630 kcal*

MIESMUSCHELN SIND
KEINE MIESMACHER!

MUSCHELTOPF-VARIATIONEN

einmal einfach, einmal raffiniert

Muscheln mit feinen Gemüsestreifen oder -würfelchen in einem Weißweinsud zuzubereiten, ist ein verbreiteter Klassiker, der seine treuen Fans hat. Wer aber mal etwas anderes ausprobieren möchte, nimmt den Sud nur als Basis und kreiert daraus etwas edles Neues.

Inzwischen rund ums Jahr zu genießen

FÜR 4 PERSONEN

FÜR DEN KLASSIKER

3 Stangen Staudensellerie
4 Frühlingszwiebeln
2 Möhren
2 Knoblauchzehen
4 Stängel Petersilie
1 EL Öl, 300 ml Weißwein
5 EL trockener Wermut (Noilly Prat)
200 ml Gemüsebrühe
2 Lorbeerblätter
Salz, Pfeffer
frisch geriebene Muskatnuss
300 g Tomaten
2 kg Miesmuscheln

ZUSÄTZLICH FÜR DIE EDLE VARIANTE

1 Pck. Safranfäden (0,1 g)
4 EL weißer Portwein
200 g Sahne, 100 g Crème fraîche
½ TL rosenscharfes Paprikapulver
½ TL körniger Senf, gehackter Dill

1 Für den Klassiker Sellerie waschen, putzen und in dünne Scheiben schneiden. Frühlingszwiebeln putzen, waschen und in dünne Ringe schneiden. Möhren schälen und fein würfeln. Knoblauch schälen und fein hacken. Petersilie abbrausen und trocken schütteln, Blätter abzupfen und beiseitelegen. Stängel fein hacken.

2 In einem großen Topf Öl erhitzen. Darin Sellerie, Frühlingszwiebeln, Möhren und gehackte Petersilienstängel 2 Min. andünsten. Knoblauch dazugeben und 1 Min. mitdünsten. Mit Wein und Wermut ablöschen und etwas einziehen lassen. Mit der Brühe aufgießen, Lorbeerblätter einlegen, aufkochen. Mit Salz, Pfeffer und Muskat kräftig abschmecken.

3 Tomaten waschen, von den Stielansätzen befreien und nicht zu fein würfeln, Petersilienblätter grob hacken. Muscheln entbarten, also das »Haarige« herausziehen und entsorgen. Muscheln unter dem kalten Wasserstrahl gut abspülen, dabei alle geöffneten Exemplare aussortieren und wegwerfen.

4 Muscheln und Tomaten zum Sud in den Topf geben. Bei geschlossenem Deckel und mittlerer Hitze ca. 5 Min. ziehen lassen, dabei öfter umrühren. Muscheln auf Teller verteilen und mit der Petersilie bestreuen.

5 Für die edle Variante den Safran und Portwein in eine Tasse geben, kurz ziehen lassen. Die Muscheln aus dem Sud heben und warm stellen. Sud durch ein feines Sieb streichen und in einem zweiten Topf auffangen. Sud 5 Min. kräftig einkochen. Sahne und Crème fraîche unterrühren, alles 5 Min. weiterköcheln lassen. Mit Paprika und Senf würzen, mit Safranwein aromatisieren. Sauce abschmecken, über die Muscheln gießen, mit Dill bestreut servieren.

Tipp: Wer auf den Alkohol verzichten will, ersetzt ihn einfach durch weitere Gemüsebrühe oder 1 Schuss Apfelsaft. Als Alternativen zum Portwein sind Sherry oder ein trockener Wermut (Noilly Prat) denkbar.

Zeitbedarf: *45 Min.*
Das schmeckt dazu: *Baguette gehört zum Auftunken des Suds einfach dazu*
Pro Portion: *440 kcal*

Jetzt gibt's Kuchen und noch mehr

SÜSSES

LECKERMÄULER ROLLEN DIE GANZE SACHE VON HINTEN AUF UND FRAGEN GLEICH, WAS ES ZUM DESSERT GIBT. ODER ZUM KAFFEE. ODER ALS NERVENNAHRUNG. SELBST UNGEÜBTE NACHTISCHBÄCKER MÜSSEN BEI UNSEREN REZEPTEN KEINE ANGST HABEN, DASS IHNEN DAS (BACK-)BLECH WEGFLIEGT ...

MARMELADE

am allerbesten hausgemacht

Auch wenn die EU in der Konfitürenverordnung (ja, so was gibt es wirklich!) verfügt hat, dass Marmeladen nur dann Marmeladen heißen dürfen, wenn sie aus Zitrusfrüchten bestehen: Wir nutzen die Ausnahmeregelung für Bauernmärkte, Kleinsthersteller und Privatleute und bleiben bei dieser schönen Bezeichnung für Fruchtaufstriche. Und wir machen sie selbst!

1 Die Gläser – am besten mit Twist-off-Deckel, also einem Schraubdeckel mit Innenbeschichtung – und die Deckel gründlich mit heißem Wasser ausspülen oder ausdämpfen, dann auf einem Küchentuch zum Trocknen bereitstellen.

FÜR 10 SCHRAUBGLÄSER (JE 250 ML)

1½ kg Erdbeeren
500 g knackige Äpfel (z. B. Jonagold oder Idared)
Saft von 2 Limetten
1 kg Gelierzucker »2:1«

2 Die Erdbeeren waschen und erst dann vom grünen Ansatz befreien. In umgekehrter Reihenfolge würden die Früchte Wasser ziehen. Die Erdbeeren halbieren oder vierteln und in einen großen Topf geben. Die Äpfel schälen, vierteln, entkernen und als dünne Schnitze direkt zu den Erdbeeren in den Topf schnippeln. Den Limettensaft dazugeben.

Tipp – Limetten- oder Zitronensaft ist fast ein Muss beim Marmeladekochen. Er ist ein natürlicher Konservierungsstoff, unterstützt das Gelieren, erhält die Farben der Früchte und er verleiht Pfiff.

3 Nun auch den Gelierzucker mit zu den Früchten geben und mit einem Kochlöffel alles sehr sorgfältig vermischen. Mit einem Stabmixer die Fruchtmischung auf die gewünschte Feinheit oder Grobheit bringen. Erst dann den Herd anstellen, und zwar auf starke Hitze. Den Marmeladenansatz unter ständigem Rühren zum Kochen bringen. Wenn er zu sprudeln beginnt, dann noch 5 Min. weiterkochen und dabei das Rühren nicht vergessen. Zum Schluss bei Bedarf noch den Schaum, der sich oben abgesetzt hat, mit einem großen Löffel abnehmen.

4 Dann die Gelierprobe machen: 1 Klecks Marmelade auf einen kalten Teller setzen. Wird er gleich fest – gut. Bleibt er flüssig, den Saft von 1 Zitrone zur Marmelade geben und 1 – 2 Min. weiterkochen. Dann die Gläser schön voll füllen, fest verschließen und ca. 10 Min. auf den Kopf stellen. Wieder umdrehen, fertig!

QUITTENGELEE

1 DIE QUITTE (PORTUGIESISCH: MARMELO) IST DIE URFRUCHT DER MARMELADE. HIER EINE GELEE-VARIANTE

TOMATENMARMELADE

2 IMMER NUR OBST? MIT EINER GEWISSEN SCHÄRFE IST EINE MARMELADE AUS TOMATEN FAST UNIVERSELL EINSETZBAR

STACHELBEER-APRIKOSEN-MARMELADE

3 EINE TOLLE KOMBINATION, DENN DIE SÄURE DER STACHELBEEREN KONTERT DIE FRUCHTSÜSSE DER APRIKOSEN

PFLAUMENMUS

4 NENNT SICH REGIONAL AUCH LATWERCH, LECKSCHMIERE, LATWERGE – UND IST EINFACH UND KÖSTLICH!

FÜR 6 SCHRAUBGLÄSER (JE 200 ML)

ZUTATEN: 2 kg Quitten oder ¾ l Quittensaft, 100 g kandierter Ingwer, 400 g Zucker, 1 Beutel Gelierpulver »2:1« (25 g)

1 Die Quitten schälen, achteln, in einen Entsafter geben und ¾ l Saft gewinnen. Oder gleich fertigen Quittensaft verwenden. 2 Den kandierten Ingwer sehr fein hacken und mit dem Quittensaft in einen Topf geben. Den Zucker und das Gelierpulver dazugeben und alles sehr gut verrühren. 3 Den Topfinhalt aufkochen und 3 Min. unter ständigem Rühren sprudelnd kochen lassen. Eventuell entstehenden Schaum mit abschöpfen. 4 Fertiges Gelee in die vorbereiteten Schraubgläser füllen, verschließen und für 10 Min. auf den Kopf stellen.

Zeitbedarf: *30 Min.* | **Das schmeckt dazu:** *ein Klecks davon zu gebratener Entenbrust wird Ihnen Applaus einbringen* | **pro Glas:** *395 kcal*

FÜR 5 SCHRAUBGLÄSER (JE 450 ML)

ZUTATEN: 2 kg Tomaten, 1 kg Gelierzucker »2:1«, 5 – 6 Petersilienstängel (ohne die Blättchen), 3 kleine rote Chilischoten, Saft und abgeriebene Schale von 1 Bio-Zitrone, 2 EL Tomatenmark, 1 Beutel Gelierpulver »2:1« (25 g)

1 Die Tomaten waschen, achteln und dabei die Stielansätze entfernen. Tomaten und Gelierzucker in einem Topf vermischen und 2 – 3 Std. ziehen lassen. 2 Die Petersilienstängel und Chilis waschen und abtrocknen, die Chilis entstielen. Beides fein hacken und mit allen anderen Zutaten zu den Tomaten geben. 3 Den Topfinhalt aufkochen und 4 Min. unter ständigem Rühren sprudelnd kochen lassen. Dann alles mit dem Stabmixer pürieren und bei Bedarf noch durch ein Sieb streichen. 4 Fertige Marmelade in die vorbereiteten Schraubgläser füllen, verschließen und für 10 Min. auf den Kopf stellen. Tipp: Marmelade noch mit Orangenlikör, Paprikapulver oder Knoblauch aromatisieren.

Zeitbedarf: *40 Min., Ruhezeit: 3 Std.* | **Das schmeckt dazu:** *Ziegenfrischkäse oder einfach aufs Brot schmieren* | **pro Glas:** *865 kcal*

FÜR 6 SCHRAUBGLÄSER (JE 200 ML)

ZUTATEN: 700 g Aprikosen, 700 g Stachelbeeren, 500 g Gelierzucker »2:1«

1 Die Aprikosen mit kochendem Wasser überbrühen und kurz ziehen lassen, dann die Haut abziehen. Früchte halbieren, Kern entfernen und das Fruchtfleisch in Schnitze schneiden. In einem Topf Aprikosen mit Gelierzucker gut vermischen und 2 – 3 Std. ziehen lassen. 2 Die Stachelbeeren waschen, abtropfen lassen und in einem Topf aufkochen. Früchte durch ein Sieb drücken und dadurch ½ l Saft gewinnen. Saft zu den Aprikosen geben. 3 Topfinhalt aufkochen und 4 Min. unter ständigem Rühren sprudelnd kochen lassen. Eventuell entstehenden Schaum abschöpfen. 4 Fertige Marmelade in die vorbereiteten Schraubgläser füllen, verschließen, für 10 Min. auf den Kopf stellen.

Zeitbedarf: *30 Min., Ruhezeit: 3 Std.* | **Das schmeckt dazu:** *ganz fein mit reifem Camembert und edelsüßer Scheurebe* | **pro Glas:** *415 kcal*

FÜR 6 SCHRAUBGLÄSER (JE 200 ML)

ZUTATEN: 5 kg Pflaumen oder Zwetschgen, 200 g brauner Zucker oder dunkler Rohrohrzucker, 30 g Zartbitterkuvertüre, 3 Sternanise, 1 Stange Zimt

1 Pflaumen oder Zwetschgen waschen, entsteinen und mit 5 – 6 Steinen in einen Topf geben. Zucker gut untermischen. Die Früchte 12 Std. ziehen lassen, so tritt viel Saft aus. 2 Dann den Backofen auf 140° vorheizen. Kuvertüre fein hacken und mit Anisen und Zimtstange unter die Früchte mischen. Den Topf für 6 – 7 Std. in den Ofen (Mitte) schieben. Dabei immer nach 1 Std. kurz die Ofentüre öffnen, um Dampf abzulassen. 3 Die Konsistenz vom Mus sollte zähflüssig, aber noch nicht zu fest sein. Erst kurz vor dem Abfüllen das Mus umrühren und in die vorbereiteten Schraubgläser füllen, verschließen. Tipp: Ist das Mus zu zäh, macht es ein wenig heißer Kaffee wieder geschmeidiger.

Zeitbedarf: *1 Std., Ruhezeit: 12 Std., Garzeit: 7 Std.* | **Das schmeckt dazu:** *frisches Bauernbrot und gute Butter* | **pro Glas:** *405 kcal*

DIE ANSCHAFFUNG
EINER EISMASCHINE
LOHNT SICH

ROTE GRÜTZE MIT VANILLEEIS

eine echt heiße Liebe

Manche Kombinationen sind so einfach und gut, da passt kaum noch ein Minzeblatt dazwischen. Ganz klassisch wird die rote Grütze übrigens mit Johannisbeeren und Himbeeren gekocht – Erdbeeren machen sie etwas sämiger. Aber erlaubt ist freilich alles, was Garten, Markt oder Tiefkühlfach hergeben.

Alle Guten kommen ins Töpfchen

FÜR 4 PERSONEN

FÜR DIE GRÜTZE

je 100 g Sauerkirschen, Erdbeeren, Heidelbeeren, Himbeeren und rote oder schwarze Johannisbeeren
½ Vanilleschote
400 ml Johannisbeersaft
100 ml Rotwein, 3 EL Speisestärke
4 EL Himbeergeist, 50 g Zucker

FÜR DAS EIS

1 Vanilleschote, 3 Eigelb
130 g Zucker, ¼ l Milch
200 g Sahne

1 Für die Grütze die Früchte (bis auf die Himbeeren) waschen und trocken tupfen. Früchte putzen, dabei Kirschen entkernen. Die Vanilleschote längs aufschneiden, das Mark herauskratzen.

2 Mark und Schote mit Saft und Wein in einen Topf geben, aufkochen. Die Stärke mit 3 EL kaltem Wasser verrühren, in den Saft gießen, 1 Min. kochen lassen. Früchte und Himbeergeist in den Topf geben und alles weitere 5 Min. köcheln lassen. Mit dem Zucker süßen. Die Grütze in Dessertgläser füllen, kalt stellen.

3 Für das Eis die Vanilleschote längs aufschneiden, Mark herauskratzen. Eigelbe, Zucker und Mark mit einem Schneebesen in einer Schüssel leicht schaumig rühren.

4 Milch und Vanilleschote in einem Topf erwärmen. Unter Rühren Eigelbmischung einfließen lassen. Weiter rühren und sanft erhitzen, bis die Masse etwas fester wird. Vom Herd ziehen, Schote entnehmen, erkalten lassen, Sahne einrühren. In der Eismaschine in ca. 30 Min. zu Eis verarbeiten. Mit der gekühlten roten Grütze servieren.

Tipp für alle ohne Eismaschine: Die Masse in eine flache Schale füllen und 3–4 Std. ins Gefrierfach stellen. Dabei alle 20 Min. mit einer Gabel durchrühren, bis letztlich ein cremiges Eis entstanden ist.

Zeitbedarf: *35 Min., Gefrierzeit: 30 Min.*
Das schmeckt dazu: *Eiswaffeln*
Pro Portion: *495 kcal*

RHABARBER-KOMPOTT

mit Schokotörtchen

FÜR 8 PERSONEN

FÜR DIE TÖRTCHEN
5 Eier, 250 g Zucker
150 g Zartbitterkuvertüre
165 g Butter, 70 g Mehl

FÜR DAS KOMPOTT
600 g Rhabarber
2 Vanilleschoten
100 g Zucker
8 Scheiben Bio-Zitrone
Zesten von 1 Bio-Orange
4 EL Orangenlikör

1 Für die Törtchen Backofen auf 180° vorheizen. In einer Schlagschüssel die Eier und den Zucker im heißen Wasserbad mit den Quirlen des Handrührgeräts dickschaumig aufschlagen. Vom Wasserbad nehmen und kalt schlagen, damit sich Eier und Zucker nicht wieder trennen.

2 Die Kuvertüre hacken, mit der Butter in Flocken in eine Schüssel geben und im Wasserbad schmelzen und verrühren.

3 Die geschmolzene Kuvertüre sorgfältig unter die Schaummasse rühren und dann nach und nach das Mehl unterheben. Den Teig in ein 12er-Muffinblech (antihaftbeschichtet) füllen und im Ofen (Mitte) ca. 15 Min. backen. Herausnehmen, kurz abkühlen lassen, aus der Form lösen.

4 Für das Kompott Rhabarber waschen, putzen und in kleine Stücke schneiden. Die Vanilleschoten längs aufschneiden und das Mark herauskratzen.

5 Zucker in einem Topf schmelzen, mit 6 – 8 EL Wasser goldbraun karamellisieren lassen. Rhabarber, Vanilleschoten und -mark, Zitronenscheiben und die Orangenzesten dazugeben. Kompott kurz aufkochen, dann bei geringer Hitze 3 – 4 Min. ziehen lassen. Mit Orangenlikör abschmecken. Zu den Törtchen servieren.

Zeitbedarf: *40 Min., Backzeit: 15 Min.*
Das schmeckt dazu: *ein Glas Süßwein*
Pro Portion: *520 kcal*

JOHANNISBEER-BUTTERMILCH-EISCREME

ideal für heiße Tage

FÜR 10 PERSONEN
500 g rote oder schwarze Johannisbeeren
3 Stängel Minze
200 g Sahne (tiefgekühlt) + eventuell noch etwas flüssige Sahne
500 g Buttermilch (tiefgekühlt)
80 – 100 g Puderzucker

1 Die Johannisbeeren waschen und trocken tupfen. Die Beeren vorsichtig von den Rispen abstreifen. 100 g davon beiseitelegen – das wird später die essbare Deko. Die Minze abbrausen und trocken schütteln, die Blättchen von den Stängeln zupfen und fein hacken.

2 Die selbst eingefrorene Sahne und Buttermilch aus den Bechern drücken und mit einem großen Messer grob hacken. Zusammen mit den Beeren, der Minze und 80 g Puderzucker in eine leistungsstarke Küchenmaschine mit Messereinsatz (mindestens 500 Watt) geben und zu einem Eis mit cremiger Konsistenz verarbeiten. Bleibt die Eismasse zu trocken, noch etwas flüssige Sahne unterarbeiten. Das Eis nach Wunsch noch mit Zucker nachsüßen.

3 Die Johannisbeer-Buttermilch-Eiscreme mit dem Eisportionierer zu Kugeln oder mit einem großen Löffel zu Nocken formen und in Tassen, Gläsern, Eis- oder Dessertschalen anrichten. Zum Schluss noch mit den beiseitegelegten Johannisbeeren dekorieren. Sofort servieren, da das Eis sehr schnell schmilzt!

Tipp: Diese Eiscreme ist nach der Zubereitung eigentlich sofort servierbereit. Sollte sie Ihnen aber zu weich vorkommen, in eine Schüssel umfüllen und noch 1 – 2 Std. ins Gefrierfach stellen. Dabei öfter mal umrühren, um die Konsistenz cremig zu halten.

Zeitbedarf: *20 Min.*
Das schmeckt dazu: *ein Stück Schokoladenkuchen käme da nicht ungelegen …*
Pro Portion: *130 kcal*

WER SCHMILZT EHER:
DAS EIS ODER SIE?

SCHWARZWÄLDER KIRSCH
AUS DEM GLAS

ein absoluter Hingucker

An eine Schwarzwälder Kirschtorte trauen sich viele nicht ran – aber diese Dessert-Variante im Glas ist ganz einfach und dazu in nur einer halben Stunde auf den Tisch gezaubert. Ihre Gäste werden beeindruckt sein!

FÜR 8 PERSONEN
1 Glas Schattenmorellen (ca. 700 g Inhalt)
1 EL Speisestärke
2 EL Kirschwasser
100 g Puderzucker
150 ml Milch
300 g Mascarpone
2 Pck. dunkler Wiener Boden (3-lagig)
100 ml kalter Espresso
200 g Sahne
1 Handvoll Schokoraspel »Zartbitter« zum Bestreuen

1 Die Kirschen in ein Sieb gießen und den Saft in einem Topf auffangen. Saft aufkochen. Stärke mit 3 EL kaltem Wasser verrühren, in den heißen Saft laufen lassen und mit dem Schneebesen unterrühren. Saft 1 Min. kochen lassen und mit dem Kirschwasser verfeinern.

2 Topf vom Herd ziehen und stehen lassen, bis der Saft merklich eingedickt ist. Dann Kirschen dazugeben und vorsichtig untermengen. In einer Schüssel Puderzucker, Milch und Mascarpone mit dem Schneebesen oder Handrührgerät zu einer glatten Creme verrühren.

Ein Turmbau, der gelingt und schmeckt. Und zwar Löffel für Löffel

3 Vom Wiener Boden mit einem Glas runde Biskuitplatten ausstechen. Deren Durchmesser sollte so groß sein, dass sie gut in die späteren Dessertgläser (ca. 6 cm Ø und 8 – 10 cm Höhe, mit möglichst gerade hochlaufendem Rand) hineinpassen. Es werden 24 Platten benötigt.

4 Nun in jedes Glas 1 Biskuitplatte als Boden legen und mit 1 – 2 TL Espresso beträufeln, damit der Biskuit schön saftig bleibt. Darauf ein paar Kirschen verteilen und mit der Mascarponecreme toppen. In dieser Reihenfolge noch zwei weitere Schichten aus Biskuitplatten, Espresso, Kirschen und Creme in die Gläser füllen. Am Ende die Sahne steif schlagen und damit sowie mit den Schokoraspeln die Schwarzwälder-Kirsch-Gläser garnieren.

Tipp: Sollen Kinder mitessen, lassen Sie einfach das Kirschwasser weg. Und wer gerne mal ein bisschen variieren möchte, gibt die runden Biskuitplatten bei der dritten Schicht nicht ganz in die Gläser, sondern in Bröseln oder kleinen Stücken.

Tipp: Bei der Herstellung von Torten mit Sahne ist es wichtig, Sahne zu verwenden, die richtig schön steif geschlagen werden kann. Profi-Konditoren wählen dafür nicht wärmebehandelte Sahne. Die ist zwar nicht so lange haltbar, ergibt aber bis zu einem Drittel mehr Volumen und ist ansehnlicher am fertigen Produkt.

Zeitbedarf: *40 Min.*
Das schmeckt dazu: *Kaffee oder Espresso*
Pro Portion: *640 kcal*

MANDARINEN-KÄSEKUCHEN

vom Blech

FÜR 20 STÜCK

FÜR DEN TEIG
150 g zimmerwarme Butter
+ etwas mehr zum Einfetten
150 g Zucker, 1 Pck. Vanillezucker
1 Prise Salz, 3 Eier
150 g Mehl, 1 Pck. Backpulver

FÜR DEN BELAG
3 Dosen Mandarinen
(je ca. 300 g Inhalt)
4 EL Limoncello, 4 Eier
110 g Zucker, 1 Pck. Vanillezucker
1 kg Speisequark
250 g Crème fraîche
2 Pck. Tortenguss

❶ Backofen auf 180° vorheizen, Backblech einfetten. Für den Teig Butter mit Zucker, Vanillezucker und Salz mit den Quirlen des Handrührgeräts cremig rühren. Eier nacheinander dazugeben, dabei beständig weiterrühren. Mehl und Backpulver in 2–3 Portionen daraufsieben und unterrühren. Den Teig gleichmäßig auf das Blech streichen.

❷ Für den Belag Mandarinen abtropfen lassen, dabei 4 EL Saft auffangen und in einer Schüssel mit dem Limoncello mischen (oder nur Saft nehmen). Die Mandarinen dazugeben und kurz marinieren lassen.

❸ Eier trennen. Eiweiße steif schlagen. Eigelbe mit Zucker und Vanillezucker hellschaumig schlagen. Quark und Crème fraîche unterrühren, den Eischnee unterheben. Die Masse auf dem Teig verteilen. Im Ofen (Mitte) ca. 35 Min. backen.

❹ Mandarinen abgießen, abgekühlten Kuchen damit belegen. Das Tortengusspulver in einer Schüssel mit ½ l kochendem Wasser verrühren. Gleichmäßig auf den Kuchen gießen und erkalten lassen.

Zeitbedarf: *30 Min., Backzeit: 35 Min.*
Das schmeckt dazu: *ein Klecks Schlagsahne rundet die Sache ab*
Pro Stück: *235 kcal*

APFELTARTE MIT MINZE UND VANILLE

Schmackofatz im Herbst

FÜR 10 STÜCKE
4 große Äpfel
Saft von 1 Zitrone
3 Eier, 2 EL Zucker
3 EL Crème fraîche
150 ml Milch
40 g Mehl
1 Vanilleschote
10–14 Minzeblättchen
30 g Butter
30 g Mandelblättchen

❶ Den Backofen auf 200° vorheizen. Die Äpfel schälen, vierteln, entkernen, in dünne Spalten schneiden. Sofort mit Zitronensaft beträufeln, damit sie nicht braun werden.

❷ In einer Schüssel Eier und Zucker mit dem Schneebesen schaumig schlagen. Portionsweise Crème fraîche, die Milch und das gesiebte Mehl unterrühren. Vanilleschote längs aufschneiden, das Mark herausschaben und mit dazugeben. Die Minzeblättchen abbrausen, trocken tupfen, fein hacken und unter den Teig rühren.

❸ Eine Tarteform (ca. 28 cm Ø) mit der Hälfte der Butter ausfetten (oder mit Backpapier auslegen). Die Apfelspalten kreisförmig und dachziegelartig einschichten. Den Teig darübergießen, mit Mandelblättchen bestreuen. Restliche Butter in kleinen Flöckchen darauf verteilen.

❹ Die Tarte im Ofen (Mitte) in ca. 25 Min. goldbraun backen. Die Tarte sollte schön saftig, die Teigmasse jedoch gut gestockt sein.

Tipp: Aus der Menge der Äpfel ergibt sich die Höhe dieser Tarte. Mögen Sie gerne eine höhere Variante – die dann eher wieder Kuchen ist –, so verdoppeln Sie einfach die Menge der Äpfel und auch der restlichen Zutaten. Diesen Kuchen dann ca. 10 Min. länger backen.

Zeitbedarf: *35 Min., Backzeit: 25 Min.*
Das schmeckt dazu: *Vanilleeis*
Pro Stück: *145 kcal*

DAS IST NIEMALS
EINE SÜNDE …

DAS MUSS GAR NICHT
PERFEKT AUSSEHEN

ERDBEERSCHNITTEN MIT SCHOKOLADENBISKUIT

mit Unwiderstehlichkeitsgarantie

Hocharomatische, knallrote Erdbeeren sind im Frühsommer ein enorm variables Obst für allerlei Dessertkreationen. Hier legen wir mal einen schokoladigen Biskuitteig zugrunde und bauen darauf dann eine herrlich fruchtige Joghurtcreme. Und lässt man die Schnitten gut durchkühlen, sind sie eine wunderbare Erfrischung!

Statt mit Beutel mit dem Löffel dekorieren

FÜR 12 STÜCK

FÜR DEN BISKUIT
30 g Butter
4 Eier
1 Prise Salz
125 g Zucker
1 Pck. Vanillezucker
75 g Mehl
2 EL Speisestärke
2 TL Kakaopulver
1 TL Backpulver

FÜR DIE CREME
1 kg Erdbeeren
50 g Zartbitterkuvertüre (ca. 55 % Kakaoanteil)
200 g Sahne
400 g Joghurt (1,5 % Fett)
100 g Zucker
1 Pck. Gelatinepulver

1. Für den Biskuit die Butter in einem kleinen Topf schmelzen und abkühlen lassen. Den Backofen auf 180° vorheizen. Eine Springform (möglichst rechteckig, ca. 38 × 25 cm, oder rund, ca. 28 cm Ø) mit Backpapier auskleiden.

2. Eier trennen. Eiweiße mit dem Salz steif schlagen und den Eischnee kalt stellen. Eigelbe mit 3–4 EL lauwarmem Wasser, Zucker und Vanillezucker dickschaumig rühren. Mehl, Stärke, Kakao und Backpulver dazusieben und unterrühren. Den Eischnee vorsichtig unterheben. Den Teig in die Form füllen und im Ofen (Mitte) ca. 25 Min. backen. Dann Biskuit aus der Form nehmen und auskühlen lassen.

3. Für die Creme die Erdbeeren waschen und 10 schöne Exemplare samt Grün so halbieren, dass an jeder Hälfte noch Grün dran ist. Mit den Schnittflächen nach unter auf einen Bogen Backpapier legen. Restliche Erdbeeren putzen, die eine Hälfte klein würfeln, die andere mit dem Stabmixer pürieren.

4. Kuvertüre hacken, in eine kleine Metallschüssel geben und über einem heißen Wasserbad langsam schmelzen. Dann in einen kleinen Gefrierbeutel füllen und von diesem eine winzige Ecke abschneiden. Kuvertüre in dünnen Streifen über die Erdbeerhälften laufen lassen.

5. Sahne steif schlagen. Erdbeerpüree, Joghurt und Zucker verrühren, gewürfelte Erdbeeren untermischen. Gelatinepulver sehr gut einrühren, bis es komplett aufgelöst ist, Sahne unterheben. Die Masse 10 Min. in den Kühlschrank stellen, dort aber noch nicht fest werden lassen.

6. Den Biskuitboden wieder in die Springform legen und die nun schon etwas festere Erdbeermasse daraufgießen. Die Form in den Kühlschrank stellen, bis die Masse gut durchgekühlt und komplett fest ist (ca. 3 Std.). Dann die Springform vorsichtig vom Kuchen lösen. Mit den schokoladigen Erdbeerhälften garnieren und in Schnitten schneiden.

Tipp: Wenn man im Besitz eines Backrahmens ist, kann man diesen auch statt der eckigen Springform nehmen. Zum Backen des Teiges den Rahmen einfach auf ein mit Backpapier ausgelegtes Backblech stellen.

Zeitbedarf: *1 Std., Backzeit: 25 Min., Kühlzeit: 3 Std.*
Das schmeckt dazu: *ein Tässchen Kaffee*
Pro Stück: *255 kcal*

NICHT VON DER STANGE. DAS DARF MAN MERKEN

NUSSSCHNECKEN

mit Nüssen und Mohn

FÜR 15 STÜCK
¼ l Milch, 350 g Zucker
1 Würfel Hefe (42 g)
6 Eier, 1 Prise Salz
750 g Mehl + etwas mehr zum Arbeiten
120 g zimmerwarme Butter
150 g Pistazienkerne
500 g gemahlene Walnüsse
150 g Mohnsamen
2 Pck. Vanillezucker

1 Die Milch lauwarm erhitzen, 3 TL Zucker dazugeben, die Hefe hineinbröckeln und alles gut verrühren. Den Ansatz 20 Min. an einem warmen Ort gehen lassen.

2 Dann 150 g Zucker, 2 Eier und das Salz zum Hefeansatz geben, Mehl dazusieben und die Butter hinzufügen. Die Zutaten mit der Hand, mit den Knethaken des Handrührgerät oder in der Küchenmaschine so lange kneten, bis ein glatter Teig entstanden ist. Abgedeckt an einem warmen Ort gut 1 Std. gehen lassen.

3 Für die Füllung Pistazienkerne grob hacken und mit gemahlenen Walnüssen, Mohnsamen, übrigem Zucker, Vanillezucker und den restlichen Eiern gründlich vermengen.

4 Backofen auf 200° vorheizen, Backblech mit Backpapier auslegen. Den Teig auf der bemehlten Arbeitsfläche nochmals kurz mit den Händen durchkneten, dann mit dem Nudelholz zu einem Rechteck von ca. 20 × 40 cm ausrollen. Die Füllung daraufstreichen und den Teig von der Schmalseite her aufrollen.

5 Teigrolle in 2 cm dicke Scheiben schneiden, auf das Blech legen und weitere 10 Min. gehen lassen. Dann die Schnecken im Ofen (Mitte) in ca. 15 Min. goldbraun backen.

Zeitbedarf: *30 Min., Ruhezeit: 1 ½ Std., Backzeit: 15 Min.*
Das schmeckt dazu: *heiße Schokolade*
Pro Stück: *700 kcal*

FRANZ-BRÖTCHEN

Hamburger Original

FÜR 20 STÜCK
200 ml Milch, 1 Würfel Hefe (42 g)
500 g Mehl + etwas mehr zum Arbeiten, 160 g Zucker
180 g zimmerwarme Butter, 1 Ei
2 Prisen Salz, 2 TL gemahlener Zimt

1 Die Milch lauwarm erhitzen. Hefe hineinbröckeln, darin auflösen. Mit Mehl, 50 g Zucker, 75 g Butter, Ei und Salz verkneten. Teig an einem warmen Ort 30 Min. gehen lassen, gut durchkneten, nochmals 30 Min. gehen lassen.

2 Den Backofen auf 180° vorheizen, Backblech mit Backpapier auslegen. Teig auf der bemehlten Arbeitsfläche zu einem Rechteck von ca. 40 × 60 cm ausrollen. Mit restlicher Butter bestreichen, mit übrigem Zucker und Zimt bestreuen. Teig von der Längsseite her aufrollen und in ca. 2 cm breite Scheiben schneiden. Mit dem Kochlöffelstiel in die Mitte eine Mulde drücken. Brötchen aufs Backblech setzen und 15 Min. ruhen lassen. Dann im Ofen (Mitte) in ca. 15 Min. goldbraun backen.

Zeitbedarf: *20 Min., Ruhezeit: 1 ¼ Std., Backzeit: 15 Min.*
Das schmeckt dazu: *Aprikoseneis*
Pro Stück: *195 kcal*

KIRSCHEN-MICHEL

sommerliche Verführung

FÜR 10 PERSONEN
4 altbackene Brötchen
½ l Milch
1 kg Sauerkirschen, 4 Eier
60 g zimmerwarme Butter
4 EL Zucker, 1 Vanilleschote
1 Bio-Zitrone, 1–2 EL Rum
3 EL gehackte Mandeln
1 Prise gemahlener Zimt
Semmelbrösel zum Ausstreuen

1 Den Backofen auf 200° vorheizen. Die Brötchen in grobe Würfel schneiden und in der Milch einweichen. Die Sauerkirschen waschen, entsteinen und in einem Sieb abtropfen lassen.

2 Die Eier trennen. Eiweiße steif schlagen. 50 g Butter mit den Eigelben und dem Zucker mit einem Schneebesen cremig schlagen. Die Vanilleschote längs aufschneiden und das Mark herauskratzen. Die Zitrone waschen, abtrocknen und die Schale abreiben. Vanillemark und Zitronenschale mit Rum, Mandeln und Zimt zur Butter-Zucker-Ei-Mischung geben.

3 Die eingeweichten Brötchen sorgfältig ausdrücken und ebenfalls zur Mischung geben. Jetzt auch noch die Kirschen dazugeben und alles gut untermengen. Zum Schluss den Eischnee möglichst locker unterheben – er sorgt für mehr Luftigkeit.

4 Eine Auflaufform (ca. 15 × 25 cm) mit übriger Butter einfetten und mit den Semmelbröseln ausstreuen. Die Kirschmasse in die Form einfüllen und im Ofen (Mitte) in ca. 40 Min. goldbraun backen.

Tipp: Verwenden Sie bitte tatsächlich Vanilleschoten und kein Vanillinpulver oder Vanillearoma. Der echte Stoff ist viel aromatischer.

Zeitbedarf: *25 Min., Backzeit: 40 Min.*
Das schmeckt dazu: *Vanillesauce*
Pro Portion: *225 kcal*

TRÄUBLES-MUFFINS

fit for Party

FÜR 12 STÜCK
300 g rote Johannisbeeren
150 g zimmerwarme Butter + etwas mehr zum Einfetten
3 Eier, 100 g Zucker
150 g Naturjoghurt
180 g Mehl, 1 TL Backpulver
3 EL Kokosflocken
Puderzucker zum Bestäuben

1 Die Johannisbeeren waschen und trocken tupfen, Beeren von den Rispen streifen. Den Backofen auf 180° vorheizen. Ein 12er-Muffinblech mit Butter einfetten.

2 Eier und Zucker schaumig schlagen, Butter und Joghurt unterrühren. Mehl und Backpulver darübersieben und unterheben. Die Hälfte der Johannisbeeren untermischen.

3 Teig ins Blech füllen, übrige Beeren darauf verteilen, mit den Kokosflocken bestreuen. Im Ofen (Mitte) 20–25 Min. backen. Muffins zum Servieren mit Puderzucker bestäuben.

Zeitbedarf: *20 Min., Backzeit: 25 Min.*
Das schmeckt dazu: *ein selbst gemachtes Fruchtpüree*
Pro Portion: *230 kcal*

DIE KIRSCHEN MACHEN
IHN GANZ SAFTIG

ECHT SELTSAM: VIELE SÜSSBÄCKER SIND SCHLANK!

3 FRAGEN ZU SCHOKOLADE

Jochen Müller aus Neustadt

IST DAS BEWUSSTSEIN FÜR GUTE SCHOKOLADE IN DEN LETZTEN JAHREN GEWACHSEN?

Es hat zwar deutlich zugenommen, aber wir bewegen uns hier in einem Bereich von Spezialisten. Die Masse mag Milchschokolade, das lässt sich kaum ändern.

WAS SIND DENN GERADE DIE ABSOLUTEN TRENDS?

Fair Trade ist unbedingt ein Thema, ebenso wie vegan oder vegetarisch hergestellte Schokolade. Offenbar möchten viele Menschen schon wissen, wo was herkommt und was beim ursprünglichen Erzeuger der Grundqualitäten hängenbleibt. Des weiteren geht es in Deutschland verstärkt hin zu dunkler Schokolade. Auch das ist zu begrüßen, weil es sich strukturell um bessere Schokoladen handelt. Angezogen hat in diesem Zusammenhang die Verwendung hochwertiger Schokoladen für Desserts.

WELCHE MENSCHEN SCHÄTZEN EDLERE SCHOKOLADE?

Meine Erfahrung ist, dass Rotweintrinker die besseren Schokoladenkenner sind. Sie setzen sich mit Aromen auseinander, legen viel Wert aufs Riechen und stehen dem Genuss sehr offen gegenüber. Das könnte man mit bewussten Zigarrenrauchern oder Whiskeytrinkern fortführen. Solche Menschen fragen interessiert nach und beschäftigen sich mit der Thematik. Wer erst einmal herangeführt wurde an das, was hinter der Schokolade steckt, etwa bei Präsentationen oder einem Seminar, ist sensibilisiert.

SCHWIPP-SCHWAPP FÜR QUALITÄT

was Schokolade wirklich ausmacht

Was macht eigentlich gute Schokolade aus? Für uns in Deutschland sollte dies eine nicht unerhebliche Frage sein. Nicht nur, dass der Verbrauch pro Kopf in den letzten Jahren kontinuierlich immer weiter nach oben ging und derzeit bei 10,1 Kilogramm liegt (von der Tafel über den Osterhasen bis zur Praline), was nur von den Schweizern übertroffen wird. Nein, wir sind offenbar sogar süchtig nach diesem braunen Stoff. Laut detaillierter Umfragen aus 2014 würden wir eher auf Alkohol oder Tabak verzichten, bevor wir der Schokolade entsagen. Ähnlich wie Pasta soll sie uns glücklich machen. Schokolade enthält den Eiweißbaustein Tryptophan, der beim Abbau durch den Körper Serotonin entstehen lässt, ein Hormon, welches als »Glückshormon« bezeichnet wird. Dazu stecken in ihr das Rauschmittel Anandamid (findet sich ebenfalls in Cannabis), das Hormon Phenethylamin sowie Koffein und Theobromin. Irgendwie alles nicht in rasend hoher Dosierung, doch offenbar reicht es für viele Menschen, sich besser zu fühlen, wenn sie eine Rippe Schokolade zwischen den Zähnen hatten, um ihre Stimmung erkennbar aufzuhellen. Reine Psychologie? Na klar, wir belügen uns doch immer wieder gerne selbst …

Nun kann man Schokolade nicht über einen Kamm scheren. Marktbeherrschend sind in Deutschland die großen Firmen, jene mit den bekannten lila Kühen, aber auch die quadratischen, ob das nun recht praktisch oder gut sein mag, was es für viele Menschen aber auf jeden Fall ist. Ganz eindeutig stehen hier die Milchschokoladen im Vordergrund. Und spätestens jetzt ist es Zeit für einen Exkurs zum Thema, wie Schokolade überhaupt entsteht und was ihre Qualität ausmacht.

EINGEBOREN ODER FREMD?

Basis sind die Kakaobohnen, von denen es im Grunde drei Sorten gibt. Die beste davon heißt Criollo (für Kreole = Eingeborener) und hat ihren Ursprung in Mexiko. Industriemäßig zu vernachlässigen, wir reden hier von einem Marktanteil von unter drei Prozent. Am anderen Ende steht die Forastero (für fremd), die aus dem oberen Amazonasgebiet stammt, ein Massenträger mit hohem Ertrag ist und für mehr als 85 Prozent der Produktion verwendet wird. Dazwischen gibt es noch die Trinitario, die 1727 nach einem verheerenden Zyklon in Trinidad als Kreuzung aus der Criollo und Forastero herauskam. Gute bis sehr gute Ware.

Im Grunde werden Kakaobohnen heute rund um die Welt erzeugt, in einem Streifen zwischen dem 10. nördlichen und 10. südlichen Breitengrad, für mindere Qualitäten auch etwas ausgedehnter. In den Kerngebieten stehen die Kakaobäume oft gemischt mit hohen Bäumen. Der Kakaobaum verträgt direktes Sonnenlicht nur schlecht. Forastero werden bis zu 15 Meter hoch, Criollo nur maximal drei.

WELCHES DARF'S DENN SEIN?

Geerntet wird rund ums Jahr, denn die Kakaobäume haben gleichzeitig Blüten und Früchte. Letztere kommen direkt aus dem Stamm und sind zwischen 200 und 800 Gramm schwer. Auch hier gilt: groß ist Masse, klein ist Qualität. Eine fette Forastero-Frucht liefert bis zu 40 Kakaobohnen, und ein guter Arbeiter erntet bis zu 1.500 Früchte pro Tag. Diese werden aufgeschnitten, die Bohnen herausgeholt und dann, bedeckt mit Bananenblättern, in großen Wannen fermentiert, gewendet, gelüftet. Was bis zu einer Woche dauern kann. Danach trocknet man die Bohnen, um sie für den Transport vorzubereiten – sie sollen ja nicht faulen, was bei zu viel Feuchtigkeit unweigerlich der Fall wäre. Nun erfolgt die Verschiffung nach Europa. Merke: Bis hierhin lieferte das Ursprungsland die Basis, die Grundqualität. Und zwar recht günstig. Das eigentliche Geld wird hernach in den weiterverarbeitenden Ländern verdient.

HIER ENTSCHEIDET SICH'S

In der Schokoladenfabrik werden die Bohnen geröstet und weiter getrocknet, dann grob vermahlen. Jetzt erfolgt die Mischung der einzelnen Sorten für den gewünschten Grundgeschmack, ganz ähnlich wie bei Kaffee, Tee oder Champagner. Und diese Zusammenstellung ist das Geheimnis jedes Schokoladenmeisters, die er um keinen Preis verraten wird. Es schließt sich die Feinvermahlung an, wobei sich die Masse verflüssigt, vermischt wird mit Zucker und zerkleinert wird bis zu einer nicht mehr wahrnehmbaren Körnung.

Die Krönung ist dann das Conchieren, berühmt geworden durch die Lindt-Werbespots: Über eine hin- und herlaufende kleine Walze läuft flüssige Schokolade und macht schwippschwapp. In Wahrheit sind die Cochen so groß wie Betonmischer. Sie entfernen Restfeuchtigkeit, unerwünschte Aromen oder Bitterkeit, verteilen die Kakaobutter und sorgen für zarte Sämigkeit. Für Handelsschokolade geht das in wenigen Stunden, für hochwertigste Grand-Cru-Schokoladen auch schon mal vier Tage.

GUTES GEHT NICHT BILLIG

Für Jochen Müller, erfahrener Confiseur in Neustadt an der Weinstraße und Teilnehmer an der Schokoladen-WM in Las Vegas zu Beginn der Nullerjahre, ist vor allem das Conchieren einer der Hauptknackpunkte für die Schokolade: »Billige Schokoladen sind schnell und nicht schonend hergestellt. Man kann die störenden Aromen durch zu kurze Conchierzeiten nicht so gut entfernen. Zudem wirken viele dieser Schokoladen sandig im Mund.« Den Unterschied merkt man freilich erst, wenn man direkt vergleicht – für Sie zu Hause eine leichte Übung: Gehen Sie einkaufen und holen Sie sich 4 – 5 Tafeln mit ähnlichem Kakaoanteil, aber in diversen Preiskategorien. Dann je ein Stückchen im Mund anschmelzen. Ich wette, Sie merken sofort, was Sache ist.

NASCHKATZENALARM IM SALON

In der Schweiz darf sich Schokolade auch wirklich nur Schokolade nennen, wenn sie mindestens 36 Stunden conchiert wurde. Und, was vielleicht noch mehr zählt: Die großen deutschen Hersteller rösten Kakaobohnen gar nicht selbst, sondern kaufen vorgefertigte Ware.

Für Jochen Müller ist klar: Das Heil liegt nur in der Qualität. Mit einem Kollegen rief er 2007 den »Petit Salon de Chocolat« im pfälzischen Neustadt ins Leben, eine Art Messe, auf der Produzenten hochwertige Ware präsentieren können. Hier darf man nach Herzenslust probieren, was mit Markenwaren aber auch so was von rein gar nichts zu tun hat. Was damals mit 700 Besuchern begann, zieht inzwischen in zwei Tagen 5.000 Gäste aus ganz Deutschland an. Dennoch weiß Müller: »Wir sind Exoten und teilen uns weit weniger als ein Prozent vom Kuchen.« Spürbar bessere Ware tauchte für ihn ab etwa 1998 auf. Firmen wie Valrhona drängten plötzlich mit Vehemenz auf den Markt und boten Lagenschokoladen an, von denen die »Guanaja« die erste war. Ja, es gab und gibt die Freaks da draußen, die sich eben nicht zusüßen lassen wollen mit hohem Milchanteil und mächtig Zucker; sie setzen auf hohen Kakaoanteil und auf viel Kakaobutter.

GLAUBE KEINER WERBUNG

Kann das über einen »guten Preis« geregelt werden, wie so manche Werbung suggeriert? »Niemals«, meint Jochen Müller. »Qualität hat einfach ihren Preis, und wer für 100 Gramm unter drei Euro beste Qualität verspricht, ist nicht realistisch.« Merke, die Zweite: Genuss liegt oft auch in der Reduzierung. Und die darf was kosten. Wenn's besser sein soll.

REGISTER VON A–Z

E

F

G

L

M

S

IMPRESSUM

Der Autor

Matthias F. Mangold, freier Foodjournalist (FEC-Mitglied), betreibt die erfolgreiche Kochschule »genusstur«, bietet Weinseminare und -touren an und ist als Tester für den Gault Millau Wein Guide unterwegs. Kochbücher hat er bereits in verschiedenen Verlagen veröffentlicht. Bei der deutschen Küche faszinieren ihn die Vielfalt der Aromen und Kochtechniken – und die spannenden Begegnungen mit Menschen, die mit Leidenschaft ihr kulinarisches Handwerk betreiben.
www.genusstur.de

Ein Dank des Autors an die Genusskomplizen im Buch:

Brot: Peter Kapp, baeckerei-kapp.de
Streetfood: Fischmann Micha Wickert, glutundspaene.de
Salzkräuter: Johannes King, soelringhof.de
Salzlämmer: Sönke Magnus Müller, lammkontor.de
Urban Gardening: Harald Scholl, tellerschubser.blogspot.com
Craft-Bier: Tilman Ludwig, tilmansbiere.de
Craft-Bier: Holger Hahn, biererleben.de
Wein: Gerd Faubel, weingut-faubel.de
Müritzfischer: Sebastian Paetsch, mueritzfischer.de
Schokolade: Jochen Müller, fantasy-pastry.com

Der Fotograf

Silvio Knezevic, freier Fotograf in München. Zu seinen Kunden zählen verschiedene Magazine, Unternehmen, Agenturen und Verlage. Seine Fotos im vorliegenden Buch zeigen die deutsche Küche in ganz neuen Facetten.
www.silvioknezevic.com

Bildnachweis
Alle Fotos: Silvio Knezevic

Syndication:
www.jalag-syndication.de

Projektleitung: Sabine Sälzer
Lektorat, Satz/DTP, Gestaltung: Redaktionsbüro Christina Kempe, München
Umschlag und Gestaltung: independent Medien-Design, Horst Moser, München
Fotografie: Silvio Knezevic
Foodstyling: Sven Christ
Adele Steinbeis, Moritz Preiss
Styling/Requisite: Barbara Dodt
Fotoassistenz: Andreas Kusy
Korrektorat: Petra Bachmann
Herstellung: Susanne Mühldorfer
Repro: Longo AG, Bozen
Druck: aprinta, Wemding
Bindung: m. appl, Wemding

ISBN 978-3-8338-4473-7

1. Auflage 2015

Backofenhinweis
Die Backzeiten können je nach Herd variieren. Die Temperaturangaben beziehen sich auf das Backen im Elektroherd mit Ober- und Unterhitze und können bei Gasherden oder Backen mit Umluft abweichen. Details entnehmen Sie bitte Ihrer Gebrauchsanweisung.

QUALITÄTS G|U GARANTIE

Liebe Leserin, lieber Leser,

haben wir Ihre Erwartungen erfüllt? Sind Sie mit diesem Buch zufrieden? Haben Sie weitere Fragen zu diesem Thema? Wir freuen uns auf Ihre Rückmeldung, auf Lob, Kritik und Anregungen, damit wir für Sie immer besser werden können.

GRÄFE UND UNZER Verlag
Leserservice
Postfach 86 03 13
81630 München
E-Mail:
leserservice@graefe-und-unzer.de

Telefon: 00800 / 72 37 33 33*
Telefax: 00800 / 50 12 05 44*
Mo–Do: 8.00–18.00 Uhr
Fr: 8.00–16.00 Uhr
(gebührenfrei in D, A, CH)*

Ihr GRÄFE UND UNZER Verlag
Der erste Ratgeberverlag – seit 1722.

Gedruckt auf Condat matt Périgord, exklusiv bei der Papier Union.

www.facebook.com/gu.verlag

GRÄFE UND UNZER

Ein Unternehmen der
GANSKE VERLAGSGRUPPE